JN097342

全現代語訳 + 解説

日本書紀  神代
——世界の始まり

寺田惠子

グッドブックス

まえがき

今から千三百年あまり前の養老四（七二〇）年、私たちの国の初めての歴史書『日本書紀』が完成しました。そこには、神々の時代と第一代神武天皇から第四十一代持統天皇（在位六九〇～六九七年）に至る歴史が三十巻にわたって記されています。

この『日本書紀』は、「日本」を宣言した最初の書物です。

私たちの国が、自らを「日本」と称したのは、正式には七〇一年施行の大宝令に始まるとされます。中国の歴史書（『旧唐書』『新唐書』）にも、そのころ倭国と呼ばれていた当時の日本が、自らの国を「日本」と改称したことが記されています。

なぜその時期に、私たちの国は「日本」と名乗ったのでしょうか。

「日本」とは「日の本」のことで、太陽の昇るところを意味します。これは、多くの国々の中で太陽が初めに昇る地をあらわす国名です。この百年ほど前の推古天皇の時代には、私たちの国は、当時の中国の王朝、隋に対して「日出ずる処」と自称しました。「日本」は、この意識を引き継いでいるのです。ですから「日本」とは、日本列島、中国大陸、朝鮮半島といった東アジアの地理を念頭に置き、国際的に自国の存在を主張するために生まれた名と言っていいでしょう。その主張は、当時の東アジアの情勢と無関係ではありませんでした。

『日本書紀』の編纂は七世紀後半の天武天皇（在位六七三～六八六年）の時代に始まります。それは、東アジア激動の時期でもありました。六六〇年には、日本と関係の深かった朝鮮半島の国、百済が、新羅と唐によって滅ぼされます。百済は日本に援軍を頼んで復興を試みましたが、六六三年の白村江の戦いでその望みも潰えました。このとき、日本の援軍も百済とともに敗戦を喫し、その衝撃も大きかったはずです。さらに五年後の六六八年には高句麗も、唐と新羅によって滅亡します。その後、新羅は唐の冊封体制に組み込まれました。

そういった緊迫した海外情勢の中で、天智天皇（在位六六二～六七一年）、天武天皇、持統天皇は、独立した国として国名「日本」を宣言し、法制（律令制）を整え、国としてもつべき歴史書をあらわそうとしたのです。それは、欧米列強の脅威に直面した幕末、明治期の日本が、国をあげて欧米の知識や技術を導入し、自国の近代化を急いだこととも似ています。

こうして生まれた『日本書紀』は、中国の史書を手本とし、当時の東アジアの共通語であった漢文で記されました。そのため、多くの表現を中国古代の文章に学び、また影響を受けてもいます。しかし、その内容はまぎれもなく「日本」の成り立ちと歴史です。そこには、国の理念を語る歴史が記されており、その一つ一つが日本の自己証明――アイデンティティでした。

『日本書紀』は、完成の翌年から宮中で講読され、平安時代にもたびたび講読がおこなわれました。その後も、中世、近世、近現代において、多くの人々に読まれ、研究されてきました。

たとえば『源氏物語』の著者、紫式部も『日本書紀』を読んでいた、と伝えられています。『紫式部日記』には、『源氏物語』を読んだ一条天皇が「この物語を書いた人は、きっと日本書紀を読んでいるにちがいない。本当に学識がある」とほめられ、それが原因で「日本紀（日本書紀）の御局」というあだ名がつけられたというエピソードが残っています。日本が世界に誇る『源氏物語』のバックグラウンドには『日本書紀』があったかもしれませんね。

　さて、この本で取り上げる巻一と巻二は、「神代の巻」といい、神々の時代の物語です。

　中国の正史類は、一般に神々の時代を歴史の一部としては記しません。これは世界的に見ても同じで、神話は多くの文化圏で歴史と連続しては語られていません。けれども『日本書紀』は、二巻を費やしてこの国の起源が神代にあると示しています。『日本書紀』においては、神々の時代は、歴史とかけ離れたものではなく、人の世である第一代神武天皇へと直結する歴史の一部なのです。その文化的背景には、日本独自の「神」と「人」との絆、つながりがあります。

　神代の巻には、現代にもよく知られた、イザナキ・イザナミ、アマテラス大神やスサノヲといった神々が語られ、ヤマタノオロチ退治の神話、またヤマタノオロチの尾から出現したというクサナギの剣、天上世界、地下の領域、海の国の神話などが多彩に語られています。こういった神話群には、古代日本に生きた人々のさまざまな習俗や思想もあらわれており、現代日本に通じる文化や考え方が多く存在しています。また、その中にはアジアやさらに広い世界に共通する思想を見い出すこともできます。

『日本書紀』は長いし、難しい、とよく言われます。たしかに漢字ばかりで書かれた三十巻の歴史書は短くありません。けれども、その三十巻は面白い物語、興味深い歴史記述の宝庫です。本書は、その内容を余すところなく知っていただきたいと、すべてを現代語訳し、わかりやすく理解できるように解説をつけました。

古(いにしえ)の日本へと思いを馳(は)せ、そして今を考える縁(よすが)としていただければ幸いです。

寺田惠子

もくじ

神代 上

第一段 天地ひらく

第四段

国生み

第五段

神々の誕生

第六段 アマテラスとスサノヲの誓約（うけい）

第七段

天（あま）の石窟（いわや）

第八段

ヤマタノオロチ

神代　下

第九段　天孫降臨

第十段

海幸・山幸

凡例

一、本書は、『日本書紀』巻第一、第二の本文を現代語訳し、それに脚注と解説を施したものである。

二、『日本書紀』原文および読み下し文については、日本古典文学大系『日本書紀 上』(岩波書店、一九六七年)、日本古典文学全集『日本書紀①』(小学館、一九九四年)、『校本日本書紀 神代巻』(國學院大學日本文化研究所編、角川書店、一九七三年)を参照した。固有名詞の表記等は原則としてこれらに依る。

三、現代語訳作成にあたっては、本書末尾の主要参考文献中の『日本書紀』関連の文献を参考とした。訳文には、現代仮名遣い、新字体を用いたが、一部の固有名詞等に新字体以外の漢字、歴史的仮名遣いを用いた場合がある。

四、原文にある「訓注」(漢字で書かれた語の読み方を万葉仮名で示す注)については、本書が現代語訳であるため一部を除いて省略に従った。ただし、現代語訳の訓にはできる限りその訓を反映させた。

五、神名については、現代語訳においては漢字表記にルビを振るようにしたが、解説ではそれをカタカナで表記している場合がある。

六、『日本書紀』の原文に付された注記は、原則として〔 〕に記したが、読解の便を考え、訳著者の判断により原文の文字の大きさを変えた場合がある。

七、訳著者による注は( )に記した。

八、脚注は、現代語訳を読む場合に難解と思われる語句を中心として施した。それにあたっては、主として二に掲げた注釈書を参考にした。

神代

上

第一段

天地ひらく

世界の始まり

古、天地はまだ離れておらず、陰陽もいまだ分かれてはいなかった。世界は、まるで卵の中身のようにすべてが一体であったが、その中に始まりのきざしを含んでいた。

やがて、清らかで明るいものは昇って天となり、重く濁ったものは沈んで地となった。精妙なものは、たやすく集まって昇っていったが、重く濁ったものは、固まるのに時を要した。したがって、天が先にでき、地はあとからできた。そののち、天と地の間に、神聖が出現した。

天地ができてゆく様子が目に浮かぶような文章ですね。
じつは、この部分は中国古代の文献をもとに書かれたといわれています。

[1]「天地は混沌（こんとん）として鶏卵（けいらん）のようだった」

[2]「天地が分かれて、陽精（ようせい）なるものは天となり、陰濁（いんだく）なるものは地となった」

これは、中国古代の書物『三五暦紀（さんごれっき）』の中の一節です。

[3]「清陽なるものは、軽くたなびいて天となり、重濁（じゅうだく）なるものは、凝（こ）り固まって地となった。精妙なるものが合わさるのはたやすく、重濁なるものが固まるのには時を要した。したがって天が先にできて、地はあとから定まった」

こちらは、やはり中国古代の思想書『淮南子（えなんじ）』の天文訓（てんもんくん）の一節です。よく似ていますね。つまり『日本書紀』の冒頭部分は、これら中国の文献にならって書かれているのです。なぜなのでしょうか。

そこには、当時の東アジア世界では中国が先進的な国であり、思想や文芸の面で中国の書物がスタンダードになっていた、という事情があります。

東アジア世界は、当時の日本にとってほとんど「世界」を意味していたでしょうから、古代中国の思想は、いわば世界標準の思想でもあったのです。このため、冒頭に

❖1　原文「天地混沌如鶏子」　❖2　原文「天地開闢陽精為天陰濁為地」
❖3　原文「清陽者、薄靡而為天、重濁者、凝滞而為地。精妙之合専易、重濁之凝竭難。故天先成而地後定」

天地の始まりについて、先ずこの思想を描き、『日本書紀』が国際的にも普遍的な意義をもつ歴史書であることを示そうとしたのでしょう。

そして、このあとに日本独自の「始まりの神話」が語られます。

葦（あし）の芽――最初にあらわれた神

それで次のようにいわれる。天地が開いた初めに、国土が浮き漂う（ただよう）様子は、泳ぐ魚が水に浮かぶようであった。このとき、天と地の間に一つの物があらわれた。形は葦（あし）の芽のようであり、たちまち神となった。国常立尊（くにのとこたちのみこと）という。〔最も尊い方を「尊」といい、それ以外の方を「命」といい、ともに「ミコト」という。以下同様〕

次に国狭槌尊（くにのさつちのみこと）。次に豊斟渟尊（とよくむぬのみこと）。合わせて三柱（みはしら）❖の神である。この神々は、陽（よう）の気のみによって出現した。したがって純粋な男性となった。

❖ 神の数は、一柱（ひとはしら）、二柱（ふたはしら）と数える。

水に浮かぶ魚、水辺（みずべ）に芽を出す葦（あし）の芽。これが古代日本の世界の始まりのイメージだったのですね。

葦はアシ、ヨシと呼ばれる水辺に生育するイネ科の植物で、現在でも日本各地の水辺で見ることができます。「葦」は、やがて「葦原中国（あしはらのなかつくに）」、「豊葦原の瑞穂国（とよあしはらのみずほのくに）」というように、日本の国を指す言葉の中に登場します。水の豊かな場所に成長する葦は、そこで始められる農耕の実りを約束するキーワードだったのかもしれません。

ですから、冒頭に先ず、世界の一般論として天地ができたことを述べ、次に日本の原初のイメージを描いてみせた。その世界にいよいよ神が登場します。

日本書紀では、最初に出てくる神は、国常立尊（くにのとこたちのみこと）です。「国常立尊」の「国」は国土を、「常」は永続性を、「立」は出現を意味するので、この神は、国土の永続性をあらわしています。

次に出てくる国狭槌尊（くにのさつちのみこと）は「狭（さ）」は接頭語、「槌（つち）」は「土」の当て字と考えられるところから、泥や土を神としてあらわし、三番目に出てくる❖豊斟渟尊（とよくむぬのみこと）は、豊かな水の含まれる土地の神格化であると考えられています。

つまりこれらの神々は、大地の永続性、大地の土、そして豊かな水をあらわしてい

❖ 豊斟渟尊　ほかに、「豊かに水を汲む沼」、「豊かな雲の広がる原野」をあらわすという説がある。

ます。豊かな海洋に囲まれ、多くの川と水をたっぷり含んだ土地で漁労や農耕がおこなわれていた古代の日本の姿が反映されています。

そして、「三柱の神は、陽の気のみによって出現し、純粋な男性となった」とあります。「純粋な男性」（原文「純男」）とは何のことでしょうか。

ここには中国古代の「陰陽思想」が取り入れられています。陰陽は、男女の性では、陰は女性を、陽は男性をあらわすとされます。それで、陽の気のみによって生まれた神が純粋な男性とされるのです。ですから、この日本の天地の始まりの記述の締めくくりの一文には陰陽思想がその影を落としているといえます。

◆多くの別伝を組み込んだ『日本書紀』

さて、『日本書紀』（全三十巻）のうち神々の時代を記した「神代の巻」（巻一、巻二）は、十一の物語（段）で構成され、それぞれの段の「本書」（主たるストーリー）のあとにはその物語の別伝が「一書にいう」という形式で数編ずつ記載されています。

別伝の存在。これが「神代の巻」の特徴で、読者は本書に続いて別伝を読み進めていくと、物語の森に入り込んでしまったような感覚に陥るかもしれません。

神話や昔話、伝説は、発生して広がっていくとき、地域や語り手によって、さまざまなバリエーション（別伝）が生じます。そして、それらを編纂し、一つの物語として確定するときには、いちばん正しいと思われるもの、もしくは最も伝えたいものを選び、あとのバリエーションを捨てるというのが基本でしょう。

ですが、『日本書紀』は、そのバリエーションを捨てずに掲載しています。このような書き方は、神代の巻だけです。『日本書紀』の編著者は、神々の時代については、神武天皇（巻三）以降の人間の歴史の部分とは異なる構成としました。神代については、それだけ慎重であったともいえます。

この別伝を「一書」といいます。「一書」は、『日本書紀』の古い写本では小さい文字で一行分のスペースに二行で記されており、本文に付く「注」のような形式でした。したがって、これを「本書」についての「注」のような文であるとする説もあります。しかし、『日本書紀』の「本書」と「一書」の関係は、単に本文と注の関係とは言い切れないものがあります。

たとえば巻一、二の「本書」の部分だけを通して読んでみると、その内容は首尾一貫していません。すなわち、一書の内容から次の段へとつながる場合も多くあります。「一書」は、基本的には本書の内容と関わるものですが、中には本書とは異なる内容を含むものもあり、それがその後の本書の内容に大きな影響を及ぼしていることもあります。また、一書を踏まえないと次の段の内容がよく理解できない場合もあります。

　このように、神代の巻においては、「本書」と「一書」は複合して多元的で豊かな神話の宇宙を構成しています。したがって、『日本書紀』の神代の巻は、「一書」の内容も併(あわ)せて読み進めることが望ましいのです。ですから、この本では、「一書」を「別伝」としてすべて掲載し、必要な部分には解説をつけてあります。

　では、実際に別伝（一書）を読んでみましょう。

別伝 6編

1

一書（第一）にいう。天地が初めて分かれたとき、一つの物が虚空(こくう)にあった。その形は言葉では言いあらわせない。その中におのずとできた神があった。国常立尊(くにのとこたちのみこと)という。

または国底立尊という。次に国狭槌尊、または国狭立尊という。次に豊国主尊、または豊組野尊といい、または豊香節野尊といい、または浮経野豊買尊といい、または豊国野尊といい、または豊齧野尊といい、または葉木国野尊といい、または見野尊という。

解説▼

たくさんの神の名が出てきますが、登場するのは、国常立尊、国狭槌尊、豊国主尊の三柱の神だけで、あとは、「または」で紹介されるその別名です。この一書では神名のバリエーションが記されます。

2

一書（第二）にいう。古、国が幼く大地も幼かったとき、国は、水の上に油が浮くように漂っていた。このとき、国の中にある物が生まれた。その形は葦の芽が萌え出たようであり、これによって出現する神があった。可美葦牙彦舅尊という。次に国常立尊。次に国狭槌尊。

解説▼

可美葦牙彦舅尊は、本書に描かれた葦の芽の萌すイメージが神として語られているもので、『古事記』にも登場する神名表現です。また、国土の原初の姿を、水に浮く油のようだとする形容もここで初めて出てきます。

3

一書（第三）にいう。天地が混ざり合ってできたとき、始めに神人があらわれた。可美葦牙彦舅尊という。次に国底立尊。

4

一書（第四）にいう。天地が初めて分かれたとき、始めに二柱の神がともにあらわれた。国常立尊（くにのとこたちのみこと）といい、次に国狭槌尊（くにのさつちのみこと）という。また次のようにいう。高天原（たかまのはら）に出現した神の名を、天御中主尊（あまのみなかぬしのみこと）という。次に高皇産霊尊（たかみむすひのみこと）。次に神皇産霊尊（かむみむすひのみこと）。

解説▼

「またいう」以下の天御中主尊（あまのみなかぬしのみこと）、高皇産霊尊（たかみむすひのみこと）、神皇産霊尊（かむみむすひのみこと）は、『古事記』冒頭部に登場する神々です。古事記の始まりの神々は、日本書紀では「一書」のこの一部分でしか語られていないことがわかります。「高天原（たかまのはら）」もこの段ではここにしか出てきません。

5

一書（第五）にいう。天地がまだできていないとき、それはたとえるなら、海の上に浮かぶ雲が根もなく漂うようであった。その中に一つの物が生まれた。それは、葦の芽が初めて泥の中から芽を出したかのようであった。そして、たちまち人（かみ）となった。国常立尊（くにのとこたちのみこと）という。

解説▼

国常立尊（くにのとこたちのみこと）は明らかに神ですが、それに原文では「人」という字を当てています。日本の「神」は、他の文化圏の神に比べると、人間に近い位相にあります。ですから、ここの「人」という表現は、そういった古代日本の「神」の概念があらわれたとも考えられます。

6

一書（第六）にいう。天地が初めて分かれたとき、一つの物があった。それは葦の芽のようで、空（くう）の中に生まれた。これによって出現した神を天常立尊（あまのとこたちのみこと）という。次に

解説▼

可美葦牙彦舅尊。また物があった。それは水に浮かんだ油のようで、空の中に生まれた。これによって出現した神を国常立尊という。

ここで初めて登場する神が天常立尊です。神名から見ると「天」の永続性をあらわす神で、天上世界が存在することを前提に考えられた神であることがわかります。

日本人は何に「永遠」を見たか

この第一段には別伝（一書）が六種類ありました。本書も含めてすべてのバリエーションに登場した神は、国常立尊（国底立尊）だけで、この神が日本書紀の神話にとって重要な存在だったことがわかります。

また、葦の芽の萌え出るイメージやこれを神格化した神の名は、第一と第四の一書以外の神話にはすべて出てきます。そして、この葦の芽の成長する姿と国常立尊は、本書をはじめとして、多くの例で関連づけて語られています。

すなわち、葦の芽にあらわされる植物の生命力そのものが、国土の永続性「国常立」と考えられたのです。では、柔らかな葦の芽が、なぜ国の永続性と考えられたのでしょうか。

植物は成長しますが、永遠の時から見れば瞬時に枯れてなくなってしまうものです。けれどもそれは再生します。植物そのものは枯（か）れて死んでも、残された実や種からは再びの芽生えと成長がもたらされます。この死と再生の生命のサイクルこそが古代の日本人の考えた永続性だったのでしょう。

伊勢神宮（いせじんぐう）が二十年ごとにおこなう式年遷宮（しきねんせんぐう）も、ある意味での永続性をあらわしています。二十年ごとに新しい宮を建て、それを途切れずに続ける。これが日本人にとっての永続性でした。それは石やレンガで建物をつくって何百年ももたせるという意味での永続性とは別の永遠です。

日本の文化は、木と紙の文化といわれます。また、古来、日本では植物の生命力を尊重し、季節の花や葉を身につけ愛（め）でる習慣がありました。ここでは、植物の生命力と再生の力に永遠性を見る古くからの日本の感性があらわれています。それは萌（も）え出ずる葦の芽の姿と国常立尊（くにのとこたちのみこと）という神の名に象徴されているように思われるのです。

第二段

イザナキとイザナミ

陰陽(いんよう)そろった男女一対(いっつい)の神

次に神があらわれた。埿土煑尊(ういぢにのみこと)、沙土煑尊(すいぢにのみこと)〔または埿土根尊(ういぢねのみこと)・沙土根尊(すいぢねのみこと)という〕。

次に神があらわれた。大戸之道尊(おおとのぢのみこと)〔一説に大戸之辺(おおとのべ)という〕、大苫辺尊(おおとまべのみこと)〔または大戸摩彦尊(おおとまひこのみこと)・大戸摩姫尊(おおとまひめのみこと)という。または、大富道尊(おおとみぢのみこと)・大富辺尊(おおとみべのみこと)という〕。

次に神があらわれた。面足尊(おもだるのみこと)・惶根尊(かしこねのみこと)〔または吾屋惶根尊(あやかしこねのみこと)という。または忌橿城尊(いみかしきのみこと)という。または青橿城根尊(あおかしきねのみこと)という。または吾屋橿城尊(あやかしきのみこと)という〕。

次に神があらわれた。伊奘諾尊(いざなきのみこと)、伊奘冉尊(いざなみのみこと)。

ここには合わせて八柱の神々が出てきますが、全部男女一対のペアです。埿土煑尊（ういぢにのみこと）、沙土煑尊（すいぢにのみこと）が初めのペアで、四つ目のペアが伊奘諾尊（いざなきのみこと）（以下、イザナキ）、伊奘冉尊（いざなみのみこと）（以下、イザナミ）です。

そのほかに、「または……という」という形で多くの別名も記（しる）されています。たった一音の違いでも別名として記載されています。これは、神名が重要なものだとする認識があったからでしょう。一音の違いのバリエーションでも記載しようという意志が感じられます。

埿土煑（ういぢに）・沙土煑（すいぢに）は泥・土をあらわし、大戸之道（おおとのぢ）・大苫辺（おおとまべ）は場所や門（もん）をあらわすといわれています。

面足（おもだる）・惶根（かしこね）は、男性と女性の性の特徴をあらわしているといわれます。面足（おもだる）は表面が整（ととの）って足りているという意味で男性の特徴、惶（かしこ）は不可思議な様子という意味、根は女性をあらわすので、不思議な役割という意味で女性の特徴という意味と考えられています。

イザナキ・イザナミは、誘（いざな）う男・誘う女という意味で、最後に完全に整った男女を示し、婚姻に臨（のぞ）む姿をあらわしています。

男女一対の泥土をあらわす神、場所をあらわす神、それから男女の特徴をあらわす神。これら六神は、完全な姿の男性の神、女性の神であるイザナキ・イザナミを導くための神々と考えられます。なお、ウイヂニ以下カシコネまでの六神の意味については、ほかに多くの解釈がありますが、その場合でも、イザナキ・イザナミの誕生を導く役割をもつという点で諸説一致しています。

この八柱の神々は、男女一対（いっつい）で、陰陽がそろったことをあらわしています。これ以前の神々—国常立尊（くにのとこたちのみこと）や可美葦牙彦舅尊（うましあしかびひこじのみこと）は、陽（よう）のみから出現したと語られていましたね。

別伝　2編

1　一書（第一）にいう。この二柱の神は、青橿城根尊（あおかしきねのみこと）の子である。

解説▼　二柱の神とはイザナキとイザナミを指します。青橿城根尊（あおかしきねのみこと）は、惶根尊（かしこねのみこと）の別名として本書に記されていた神で女神。母神から続く母子系譜が記されていることになります。

2　一書（第二）にいう。国常立尊（くにのとこたちのみこと）は天鏡尊（あまのかがみのみこと）を生んだ。天鏡尊は天萬尊（あまよろづのみこと）を生んだ。天萬尊は沫蕩尊（あわなぎのみこと）を生んだ。沫蕩尊は伊奘諾尊（いざなきのみこと）を生んだ。

国常立尊（くにのとこたちのみこと）から天鏡尊（あまのかがみのみこと）、天萬尊（あまよろづのみこと）、沫蕩尊（あわなぎのみこと）、イザナキという系譜（けいふ）が記されています。国常立尊（くにのとこたちのみこと）は本書に「純粋な男性」とあって、男神と考えられますから、これは父神から続く父子系譜といえます。第一段の神、国常立尊（くにのとこたちのみこと）とイザナキを結ぶ系譜としては唯一のものです。

解説▼

この段では、最初の泥土から人間の男女の姿をした神々が生まれてくるまでの筋道を述べています。第一段で述べられた、国土の永続性。その大地の土が陰陽──男女の形──を形成してイザナキ・イザナミという最初の男女の神々が誕生する、そういうプロセスが描かれています。

第三段

神世七代(かみよななよ)

陽気のみの神と陰陽の神

合わせて八柱の神々であった。この神々は、陰(いん)と陽(よう)の気とが交じりあってあらわれた。それゆえに男女の神々となったのである。国常立尊(くにのとこたちのみこと)から伊奘諾尊(いざなきのみこと)・伊奘冉尊(いざなみのみこと)に至るまで、これを神世七代(かみよななよ)という。

「この神々は、陰と陽の気とが交じりあってあらわれた。それゆえに男女の神となったのである」の部分に注目してください。これは、第一段の「この神々は、陽の気のみによって出現した。したがって純粋な男性となった」と対応するところです。第一段では「陽」のみで陰陽はそろっていませんが、第二段では陰陽がそろって神々が生まれてくる。したがって埿土煑尊、沙土煑尊からは男女ペアの神で、その最後がイザナキ、イザナミとなります。

一代　国常立尊
二代　国狭槌尊
三代　豊斟渟尊
四代　埿土煑尊・沙土煑尊
五代　大戸之道尊・大苫辺尊
六代　面足尊・惶根尊
七代　伊奘諾尊・伊奘冉尊

陽気のみで出現した神は一柱で一代と数えるけれども、男女一対で生まれてきた神は、男女で一代と数える。したがって、これで七代である、と書かれています。

〈神世七代〉

第一代	国常立尊（くにのとこたちのみこと）		陽の気によって出現
第二代	国狭槌尊（くにのさつちのみこと）		
第三代	豊斟渟尊（とよくむぬのみこと）		
第四代	泥土煑尊（ういぢにのみこと）	沙土煑尊（すいぢにのみこと）	陰と陽の気が交じり合って出現
第五代	大戸之道尊（おおとのぢのみこと）	大苫辺尊（おおとまべのみこと）	
第六代	面足尊（おもだるのみこと）	惶根尊（かしこねのみこと）	
第七代	伊弉諾尊（いざなきのみこと）	伊弉冉尊（いざなみのみこと）	

1

一書にいう。男女が一対となって生まれた神々は、まず埿土煑尊・沙土煑尊であった。次に角檝尊・活檝尊であった。次に面足尊・惶根尊であった。次に伊奘諾尊・伊奘冉尊であった。

解説▼

角檝尊・活檝尊が新しく登場し、大戸之道尊・大苫辺尊が除かれています。この神名の檝は、村落や家屋の境界に打ち込まれた棒杭の神格化されたものと考えられています。

この段では、陽の気のみで生まれた三柱の神々と陰陽の気が交わって生まれた神々が連続して七代の神々として語られます。

はじめの三代の陽の気の神々は、それぞれが単体の神として出現していますが、このあとの四代の陰陽一対の神々は、男女二神で一代と数えられています。この四代の最後であり、完成された姿であるイザナキとイザナミの二神が、このあと次々と国土や自然を生み出していきます。陰陽思想における陰陽の合一は、『日本書紀』の神話では男女の結びとして語られていくのです。

第四段

国生み

国土の誕生

伊奘諾尊（いざなきのみこと）と伊奘冉尊（いざなみのみこと）は、天（あま）の浮橋（うきはし）にお立ちになり、ともに語らい、「下の世界の底にはきっと国があるだろう」とおおせられた。そこで、天（あま）の瓊矛（ぬぼこ）をさし降ろして探（さぐ）られたところ、青々とした海を得た。

その矛（ほこ）の先から滴（したた）り落ちた潮（しお）は、固まって一つの島になった。名づけて磤馭慮島（おのごろじま）という。二柱（ふたはしら）の神は、その島に降り、夫婦となって国土を生もうとされた。

そこで磤馭慮島（おのごろじま）を国の中心の柱として、陽神（をかみ）は左から、陰神（めかみ）は右から、国の柱を巡って、反対側で出会われた。そのとき陰神が先ず唱えて、「ああ、なんと嬉しいことでしょう、素晴らしい若者に出会って」とおおせられた。陽神は喜ばずにおおせられた。「私は男だ。先ず私から言葉を唱えるのが道理である。なにゆえ、道理に反して婦人が先に言葉を発したのか。これはよろしくない。改めて巡り直さねばならぬ」。

そこで二神は改めて巡り、再び出会われた。今度は陽神が先に唱えて、「ああ、なんと嬉しいことだろう、素晴らしい乙女に出会って」とおおせられた。

そして陽神は陰神に「あなたの身には何があるだろうか」と問われた。陰神は「私の身には、陰の元というところがあります」と答えられた。するとと、陽神は「私の身にも陽の元というところがある。私の身の元のところを、あなたの身の元のところに合わせようと思う」とおおせられた。ここに、陰陽——男女の神は初めて結ばれて夫婦となられた。

◆「女神が先に声をかけてはいけない」となった理由

この神話の一つの特徴として、女神が先に声をかけ、これを良くないとしてやり直す、という形があります。本書と十の一書のうち、二神が声をかけ合うのは、本書と三つの一書（第一、五、十）ですが、そのすべてで女神が先に声をかけています。

間違いをしてやり直すという展開の話ですから、男神（おかみ）が先に声をかけてやり直さずにすんだ正しい形の話が一つくらいあってもいいと思われるのですが、そういう例はありません。女神が先に声をかけて、それをやり直すという型は変更不可だったようです。これは、女神が先に声をかけることが間違いだと主張するためでしょう。一書（第十）ではやり直しの過程は描かれませんが、生まれた子が淡路洲（あはじのしま）と蛭児（ひるこ）であった、という記述で、陰神（めかみ）が先に声をかけたことが間違いであると暗示されています。

なぜこのような語り方になるのかについては、一度目にうまくいかず、二度目に成功する婚姻や出産の話が、神話の一つの型として定着していたから、といわれます。

しかし、それればかりでなく、この神話には、結婚の意思表示は男性側が先行すべきとの、はっきりしたメッセージが込められています。女神が先に声をかけて失敗し、改めて男神が先に声をかけて成功した、と語られるのはそのためです。そして、そういうメッセージを主張する背景として、さらに古い時代の日本では婚姻の意思表示が必ずしも男性先行であったわけではないという可能性が考えられます。

たとえば『古事記』には、上巻に登場するスセリビメ、下巻に登場する女鳥王など、自ら結婚を提示する女性も記されています。また、三世紀の文献『魏志倭人伝』には、古代の日本の習俗として「会同・坐起には父子男女別なし」（集まりの場では年齢の上下、男女による区別はない）と記されており、男女の区別なく集まりの場にいたという古代社会の様子が描かれています。

けれども古代中国の陰陽思想や儒教思想では陽が陰に先行し、男性は女性の上位に位置します。当時の東アジアの先進的な思想では、男女の区別なく行動することは礼儀に適っていないとされていました。ですから、日本書紀ではこの思想を取り入れて男神先唱を主張する神話を語ったのでしょう。この部分の神名が、イザナキ・イザナミという日本語の神名ではなく、陽神・陰神と記されていることも、この神話モチーフが中国の陰陽思想に影響を受けたものであることを証拠立てています。

このように男女の別を重視しなかった時代の日本に、中国の思想が入ってきて、それこそが世界標準だと考えたとき、それまでの日本にあった、男女を上下関係で捉えない考え方は否定されるべきものとされたのでしょう。女神が先に声をかけて、それをやり直す神話が教訓的にくり返し語られるのは、むしろ日本の古代社会において結婚の申し出は男女の区別なくおこなわれていたことを示すものと考えられるのです。

子を生むことになり、まず淡路洲(あはぢのしま)をもって胞(え)とされた。これを二神は喜ばれなかった。それでその島を名づけて淡路洲(あはぢのしま)という。

その後、大日本(おおやまと)〔日本をヤマトという。以下同様〕豊秋津洲(とよあきづしま)をお生みになった。次に伊予二名洲(いよのふたなのしま)をお生みになった。次に筑紫洲(つくしのしま)をお生みになった。次に億岐洲(おきのしま)と佐度洲(さどのしま)を双子(ふたご)にお生みになった。世の人が時おり双子を生むことがあるのは、これをならってのことである。次に越洲(こしのしま)をお生みになった。次に大洲(おおしま)をお生みになった。次に吉備子洲(きびのこしま)をお生みになった。これによって、初めて大八洲国(おおやしまのくに)の名が起こったのである。

対馬島(つしま)、壱岐島(いきのしま)、およびあちらこちらにある小島(こじま)は皆、潮(しお)の泡(あわ)が固まってできたものである。または、水の泡が固まってできたともいう。

ここでは、完成された男女の姿をもつイザナキとイザナミが夫婦となり、二神の御子（みこ）として日本の国土を生んでいく様子が語られます。冒頭でイザナキ、イザナミと記されている二神が「陽神（をかみ）」「陰神（めかみ）」と呼ばれるのは、男女二神の結婚が陰陽合致の表現でもあることと、前述したように、陰神（めかみ）と陽神（をかみ）によって語られる神話が陰陽思想の導くモチーフによるものだからでしょう。

また、この二神は出産によって日本列島を生みなしています。そして国土のあとには、自然をはじめとする多くのものを生み出します。これは、男女二神の交わりがすべてを生み出すという神話なのです。男女の結婚とその結果としての出産が、日本古代においては生産の起点に位置づけられていることがわかります。

なお、「胞（え）」とは胎盤のことです。オセアニア地方には胎盤を第一子とし、それが実際に生まれてくる子供を守るという信仰があります。それと同様の思想がここにあらわれています。ですから「胞（え）」は「兄（え）」であり、最初の子をあらわしてもいます。

第一子が失敗であり、喜ばれなかったという成り行きは、神話の一つの型として世界的にも多く、ここでも、第一子は淡路（吾恥）と名づけたとされています。

◆なぜ国土の前に胞が生まれ出るのか

ここで少し深掘りしてみましょう。胞（胎盤）は、出産においては「後産」ともいわれるように、母親の胎内からは胎児の後から娩出されるものです。ここでは、なぜ「子」である本州等の国土の前に記されているのでしょうか。

これは、おそらく双生児が生まれた際、後から生まれた子を兄・姉とする日本古来の習俗と関係すると思われます。（現在では初めに生まれた子を兄・姉とするそうです）

後から出産された子は、母の胎内で上に位置していたという観念がかつてあり、それで兄・姉とされたといわれます。古い日本語で「胞」をあらわす「エ」が、兄・姉をあらわす「エ」と同じ音であるのもそのためでしょう。

実際の出産では後から娩出される「胞（胎盤）」が、ここで日本の国土の前に生まれたとされているのは、それが国土の「兄・姉」にあたる存在と考えられていたからでしょう。そのため、実際には後から娩出される「胞」は、生まれる子ども（国土）の「兄・姉」（え）であり、先に生まれ出るものとして語られた、と考えられるのです。

その後の国土の誕生の様子は以下の通りです。

大日本豊秋津洲――本州
伊予二名洲――四国
筑紫洲――九州
億岐洲――隠岐
佐度洲――佐渡
越洲――北陸地方
大洲――周防大島
吉備子洲――児島半島（岡山県）

この八つの島（洲）で、大八洲―大八島という国名の起こりとされています。

それから、対馬島、壱岐島と、多くの島ができます。これらは、この神話が生まれたところ、大和朝廷が治めていた地域を指していると考えられます。

一書（第一）にいう。天つ神は、伊奘諾尊と伊奘冉尊に「豊葦原千五百秋瑞穂之地（豊かな葦原の、永久に収穫の秋が続く、瑞々しい稲穂の実る地）がある。行って治めよ」とおおせられ、天の瓊矛を授けた。そこでこの二神は天上浮橋にお立ちになって、矛を下ろして大地を求めた。そして青い海をかき探って引き上げると、矛の先から滴り落ちた潮はたちまち固まり、島となった。名づけて磤馭慮島という。二柱の神は、その島に降りて、広い御殿をつくり、天柱を立てられた。

陽神が陰神に「あなたの身体には、いったい何ができただろうか」と問うと、陰神は「私の身体は、すべてが備わって陰の元というところができました」とお答えになった。すると、陽神は「私の身体も、すべてが備わって陽の元というところができた。私の身体の陽の元を、あなたの身体の陰の元に合わせようと思う」と、おおせられた。

陽神は、天柱を巡ろうとして、「あなたは左から巡りなさい。私は右から巡ろう」と約束された。二神は分かれて、天柱を巡って反対側で出会われた。陰神が、先ず声に出して「ああ、なんと愛しい若者でしょう」と言われ、陽神はあとからこれに応えて「ああ、なんと愛しい乙女だろう」と言われた。そして、夫婦となられて、はじめに❖蛭児をお生みになった。これは葦船に乗せて流された。次に淡洲をお生みになった。これも子とはなさらなかった。このため、二神は天に昇って、事の次第をつぶさにご報告なさった。す

❖ 蛭児　ヒルコ＝日の子であるとする説もあり、太陽神や太陽神の子が船に乗せて海に流されるという神話的なモチーフは世界的に分布している。

2

解説▼

ると、天つ神は❖太占（ふとまに）で占（うらな）い、「これは、女性のほうから先に声をかけたからであろう。また戻って直すように」と教えた。そしてすぐさま時と日を占い定めて天からお降（くだ）しになった。

二柱の神は、改めてまた柱を巡られた。陽神（を）は左から、陰神（め）は右から巡って出会われたとき、陽神（を）が先に声をかけておっしゃった。「ああ、なんと愛（いと）しい乙女だろう」。陰神（め）はこれに和して「ああ、なんと愛しい若者でしょう」とおっしゃった。こうして、同じ宮に一緒にお住まいになって子をお生みになった。大日本豊秋津洲（おおやまととよあきづしま）という。次に淡路洲（あはぢのしま）。次に伊予二名洲（いよのふたなのしま）。次に筑紫洲（つくしのしま）。次に億岐三子洲（おきのみつごのしま）。次に佐度洲（さどのしま）。次に越洲（こしのしま）。次に吉備子洲（きびのこしま）。こういうしだいで、この国を大八洲国（おおやしまのくに）というのである。

イザナキとイザナミは天つ神に命じられて国を生んだという話になっています。また、最初に男の神が女の神に、あなたは左から巡れ、私は右から巡ると指示しますが、これが間違っており、女神が先に声をかけるということになります。その結果、子とは認められない蛭児（ひるこ）と淡洲（あわのしま）が生まれています。

面白いのは、最上位に位置する天の神が、占いによって判断をすること。占いは超越した存在の意思を問うことと考えれば不思議なところで、さらに上位の存在が想定されていたのかと思わされます。

一書（第二）にいう。伊奘諾尊（いざなきのみこと）・伊奘冉尊（いざなみのみこと）の二柱の神は、天霧（あまのさぎり）の中にお立ちになり、「国

❖太占　日本古代の占い。鹿の肩甲骨などを焼いて、入ったひびによって神意を問う。現代でもおこなう神社がある。

を得よう」とおっしゃった。そして天の瓊矛をさし降ろして探り、磤馭慮島を得た。そこで、矛を引き上げて喜び、「なんと良いことか。国があった」とおおせられた。

解説▼

磤馭慮島は、天の瓊矛を、まるで魚を突くように探って得たという話。オセアニアには、モリや釣り針で国土を釣り上げるという神話があります。南方の神話が日本に伝わった痕跡の一つとも考えられています。

3

一書（第三）にいう。伊奘諾と伊奘冉の二神は、高天原にて「きっと国はあるだろう」とおっしゃって、天の瓊矛で磤馭慮島を画き成された。

4

一書（第四）にいう。伊奘諾と伊奘冉の二神は、互いに語り合って、「まるで水に浮かぶ油のような物がある。この中におそらく国があるだろう」とおっしゃり、天の瓊矛で一つの島を探り当てられた。名づけて磤馭慮島という。

5

一書（第五）にいう。陰神が先に声をかけて「まあ、なんと素晴らしい若者でしょう」とおっしゃった。このとき、陰神が先に声をかけたので、よろしくないとして、また改めて巡られた。そうして、陽神が先に声をかけて「ああ、なんと素晴らしい乙女だろう」とおっしゃって、交わろうとなさった。しかし、二神は、そのすべを知らなかった。折しも鶺鴒が飛んできて、その頭と尾を揺り動かした。二神はご覧になって学び、男女の交わりの道を得られた。

解説▼

動物や昆虫によって性交の仕方を習うという神話は世界中に分布しています。ここでは、鶺鴒の身の動きが、これを教えたと語られます。鶺鴒は小鳥で、上下に尾を振る習性があります。

6

一書（第六）にいう。二神は夫婦となり、まず淡路洲を胞として、大日本豊秋津洲を生まれた。次に伊予洲。次に筑紫洲。次に億岐洲と佐度洲を双子に生まれた。次に越洲。次に大洲。次に子洲。

解説▼

最後の子洲は、本書、一書からすると、吉備子洲（岡山県の児島半島）ではないかと推測されます。

7

一書（第七）にいう。先ず淡路洲を生まれた。次に大日本豊秋津洲。次に伊予二名洲。次に億岐洲。次に佐度洲。次に筑紫洲。次に壱岐洲。次に対馬洲。

解説▼

ここでは壱岐と対馬が、二神が生んだ国の中に数えられています。

8

一書（第八）にいう。磤馭慮島を胞として、淡路洲を生まれた。次に大日本豊秋津洲。次に伊予二名洲。次に筑紫洲。次に吉備子洲。次に億岐洲と佐度洲を双子に生んだ。次に越洲。

解説▼

磤馭慮島が胞とされるところが、本書や他の一書と異なっています。

9 一書（第九）にいう。淡路洲を胞として、大日本豊秋津洲を生まれた。次に伊予二名洲。次に億岐三子洲。次に佐度洲。次に筑紫洲。次に吉備子洲。次に大洲。

10 一書（第十）にいう。陰神が先ず声をかけて「まあ、なんと愛しい若者でしょう」とおっしゃった。そして陽神の手を取って夫婦となり、淡路洲、次に蛭児を生まれた。

柱めぐりの左右と陰陽思想

本書と十種類もの一書が記されています。同じような内容でも、それぞれの神話のわずかな違いに注意して、多くのバリエーションを記載したと考えられます。

興味深いのは、生まれてくる国々、島々を伝える部分では、二神は「伊奘諾尊」「伊奘冉尊」と書かれるのに対し、柱を回ったり、声をかけ合う部分では、必ず「陽神」「陰神」と書かれているところです。柱の右回り、左回りや男女の先後関係などは、古代中国から伝えられた陰陽思想を基としているため、そのような書き方になったのでしょう。

男は左から回り、女は右から回るという思想は、古代中国の文献に見られます。後漢の書、『白虎通』に[1]「天は左旋し、地は右周す」とあり、『淮南子』の天文訓には、[2]「北斗の神に雌雄あり。十一月はじめて子に建し、月ごとに一辰を徒る、雄は左行し、雌は右行し、五月に午に合ひて……」とあります。

つまり、「北斗の神には雌雄（男女）がある。十一月はじめに子におり、一月に一辰ずつ移動する。雄神は左から回り、雌神は右から回って、五月に、午で出会い……」というのです。柱めぐりの男神は左から、女神は右から回るという神話は、このような古代中国の陰陽論を参考につくられたのでしょう。

また、柱を立てて男女がその周りを回ってから結婚するという習俗は、中国の少数民族に見られるほか、中近東からヨーロッパにかけても分布していたともいわれています。日本でも東北地方に囲炉裏の周りを男女が回って出会って結婚するという風習があるという報告があります。ここの神話には、そういった習俗も反映しているかもしれません。

❖1　原文「天左旋、地右周」
❖2　原文「北斗之神、有雌雄。十一月始建於子、月徒一辰。雄左行、雌右行、五月合午…」

◆男女の交わりを神話に入れたのはなぜか

日本の神話の面白いところは、国土をはじめとするすべてが男神と女神の結婚によって、女神の胎内から産み出されたとするところです。

この結婚に先立つ求婚の場面には男女の身体についての直接的な表現も登場します（本書、一書〈第一〉）。同時代の書である『古事記』にも同様の記載があります。『古事記』では「我が身は、成り成りて成り余れるところひとところあり。故、この我が身の成り余れるところもちて、汝が身の成り合わざるところにさし塞ぎて、国土を産み成さむと思う……」とあります。百四十年前に古事記を英訳した❖B・H・チェンバレンは、これを猥雑だとし、この部分をラテン語で訳し、学識のない者には読めないようにしました。

しかし、おそらく古代の日本人にはこれを猥雑とする観念はなかったでしょう。男女の神々の交わりは、あらゆるものを生み出す行為として、重要で神聖なものだと考えられていたはずです。だからこそ、最初の男女の神の行為として日本書紀にも古事記にも丁寧に描かれているのです。

❖B・H・チェンバレン　英国の日本研究者。日本には1873年から38年間滞在し、1882年には古事記を全訳した。多くの言語に精通し、東京帝国大学での博言学（言語学）の講座ももった。

第五段

神々の誕生

大地を先に生み、自然をあとに生む

> 次に海を生んだ。次に川を生んだ。次に山を生んだ。次に木の祖先、句句廼馳（くくのち）を生んだ。次に草の祖先、草野姫（かやのひめ）〔またの名を野槌（のづち）という〕を生んだ。

イザナキ・イザナミの夫婦神は、日本列島を生んだあとに自然を生みます。現代の私たちには、自然があってこその大地や国土だと思うでしょう。けれども、『日本書紀』では、自然より前に国土が生まれています。

この順序からわかるのは、古代の人々が何を最も大事に考えていたかです。人々が住む大地、国土がいちばん重要だった。海や山川という国土を取り巻く自然、樹木や草といった国土を彩る自然は、その次という位置づけなのです。

ここには、山も海も川も野もそこにある樹々も、大地、国土あってこそのものという考えが見えます。それは、そこに住まう人間を中心とした視点といえるでしょう。

こうして、海、川、山、それから木と草が、すなわち自然が生まれます。

太陽神は女神、月神は男神

やがて伊奘諾尊と伊奘冉尊はともに語り合っておっしゃった、「私たちは、すでに大八洲の国土と山川草木を生んだ。今度は天下の主となるものを生まなければならない」。

そこでともに日の神をお生みになった。大日孁貴と申し上げる〔一書に天照大神という。一書に天照大日孁尊という〕。この御子は、明るく美しく光輝いて天地四方の隅々までを照らした。そこで二神は喜んで、「私たちの子は多く生まれたが、このように神々しく霊威にあふれた御子はほかにない。だから長く地上の国に留めてはならぬ。すみやかに天に送り、天上のことをすべて授けよう」とおっしゃった。このとき、天地はまだ遠く離れていなかった。そこで、天柱によって天上に送り上げられた。

次に月の神〔一書に、月弓尊、月夜見尊、月読尊という〕をお生みになった。この神の美しい光は日の神に次いだ。それで、この神も日の神と並んで天を治めるべきだとして、天にお送りした。

次に蛭児をお生みになった。この神は三歳になっても脚が立たなかった。それで❖天磐櫲樟船に乗せて、風の吹くままに放ち棄てた。

大日孁貴（以下、オオヒルメ）という神名は、「日」が太陽を、「孁」が女性をあらわすので、「偉大なる太陽の女神」という意味になります。『日本書紀』における太陽の神は女神なのです。

❖ 天磐櫲樟船　磐は堅い物をあらわす。櫲樟は楠で船材として使われた樹木。神が岩の船に乗って天翔けるというモチーフは、他の日本古代の文献にも例がある。

一方、月の神は男の神です。『万葉集』にも「ツキヨミオトコ」「ツクヒトオトコ」と歌われおり、日本古代の月神は男神とわかります。太陽神が女性で、月神が男性という考え方は世界では少数派です。これは、古い形の神話に多いとされており、欧米の神話研究者によって、この部分は非常に古い信仰の形が残ったものであると指摘されています。

スサノヲの追放

次に素戔嗚尊（すさのをのみこと）〔一書に、神素戔嗚尊（かむすさのをのみこと）、速素戔嗚尊（はやすさのをのみこと）という〕をお生みになった。この神は猛々（たけだけ）しく、たやすく酷（むご）いことをおこなった。また、つねに泣き喚（わめ）いていた。このため、国内の人々を多く若死にさせた。また青々とした山々を枯（か）れさせてしまった。

そこで、父母の二神は、素戔嗚尊（すさのをのみこと）に「おまえはまったく道理のきかない者だ。だから天下に君臨してはならぬ。必ず遠い根（ね）の国（くに）に去れ」とお命じになり、ついに追放された。

素戔嗚尊（以下、スサノヲ）とはどういう神なのか、については大きく分けて二つの説があります。一つは出雲の国の須佐という所の男という意味で、須佐の男の神であるとする説。もう一つは「速い」「激しい」「猛々しい」という意味の「すさぶ」から、荒れすさぶ男の神であるとする説です。ここでは悪い神として根の国に追放された、とあり、出雲とのつながりも語られていませんから、「荒れすさぶ男神」であり、太陽神、月神に続く嵐の神であるようにも思われます。ただ、スサノヲのこのあとの役割の重要性を見れば、単なる嵐の神とも考えられません。

スサノヲが追放された「根の国」は、植物の根のある大地の底にあり、地上の下方の領域と考えられます。（なお、「根の国」は海のかなたの国とする説もあります）スサノヲは、大地を支える領界を代表する神として、やがて天照大神（以下、アマテラス）と対峙する神となるのです。

1

一書（第一）にいう。伊奘諾尊が「私は、天下を治める尊い御子を生もうと思う」とおおせられて、左手に❖白銅鏡をお持ちになると、たちまち出現した神があった。これを大日孁尊という。右手に白銅鏡をお持ちになると、たちまち出現した神があった。これを月弓尊という。

また、首をめぐらして見るそのときに出現した神があった。これを素戔嗚尊という。大日孁尊と月弓尊は、ともに性質が明るく麗しかったので、天地を照らすよう命じられた。素戔嗚尊は、害し損なうことを好む性質であったので、下らせて根の国を治めるよう命じられた。

解説▼

鏡に映る姿から神が出現したとする話は、日月などの天体の信仰と鏡の関係を示すものでしょう。この一書では、イザナキ・イザナミの夫婦神ではなく、イザナキ一神から日の神、月の神、スサノヲが誕生しています。これは、一書（第六）、『古事記』とも共通しています。

2

一書（第二）にいう。日と月はすでにお生まれになった。次に蛭児をお生みになった。この子は、三歳になってもなお脚が立たなかった。はじめ、伊奘諾尊と伊奘冉尊が柱を巡ったとき、陰神が先に喜びの言葉を発した。それは陰陽の道理に反しており、それで

❖ 白銅鏡　「白銅」は銅と錫の合金のことで、「白銅鏡」は表面が澄んでよく映る鏡。

3

解説▼

蛭児が生まれたのだった。次に素戔嗚尊をお生みになった。この神は性悪で、いつも泣きわめき怒っていた。そのため、多くの国民が死に、青々とした山は枯れ果てた。
そこで、父母の神は、「もし、お前がこの国を治めたら、必ず多くを損ない害するだろう。だからお前は、遠い遠い根の国を治めよ」とおおせになった。次に鳥磐櫲樟船をお生みになった。この船に蛭児を乗せて流れのままに放ち棄てた。次に火の神、軻遇突智をお生みになった。このとき伊奘冉尊は、軻遇突智に焼かれて亡くなられた。その亡くなられる間際、身を横たえたまま、土の神、埴山姫と、水の神、罔象女をお生みになった。すると軻遇突智は埴山姫を妻として稚産霊を生んだ。この神の頭上には蚕と桑ができ、臍の中には五穀ができた。

火の神、軻遇突智（以下、カグツチ）を生んだために イザナミが焼かれて亡くなったという話は、ここで初めて登場します。またイザナミが亡くなる前に土の神（埴山姫）と水の神（罔象女）を生むという展開は『古事記』とも類似します。火の神は土の神と結婚して農耕生産の神、稚産霊を生みますが、火の神と土の神との結婚は焼畑農法を指すという説があります。ここで生まれる稚産霊は、その身に蚕桑五穀を生じさせる神で、この段の一書（第十一）の保食神や古事記の大気津比売と同様の農耕生産の神です。

一書（第三）にいう。伊奘冉尊は、火の神である火産霊をお生みになったときに、その子に焼かれて亡くなられた。亡くなられるときに、水の神、罔象女と土の神、埴山姫を生み、また、天吉葛をお生みになった。

解説▼

「天吉葛」は葛類の神。『延喜式』に記される「鎮火祭」の祝詞に、イザナミが火結の神（火の神）を生み、焼かれて地下の国にお隠れになったあと、地上に「心悪しき子」（火の神）を生んできたとおっしゃって、一度戻って水の神、匏、川菜、埴山姫を生んだ。匏は、蔓草の実を水をくむ道具としたものなので、ここの「天吉葛」はこの匏に相当する物とされます。この一書の話は、火の神の誕生と同時に、火を鎮める物の誕生が語られていると考えられます。

4

一書（第四）にいう。伊奘冉尊は、火の神、軻遇突智を生むとき、その熱さにたいへん苦しみ、嘔吐された。これが神となった、名を金山彦という。次に小便をした。これが神となった。名を罔象女という。次に大便をした。これが神となった。名を埴山媛という。

解説▼

金山彦は鉱山の神です。鉱山の土を溶かして精錬していく際の金属が溶けた状態が人間の嘔吐物に似ているので、嘔吐物から鉱山の神が生まれたと発想されたのでしょう。母なるイザナミの女神の小水、大便、嘔吐物、それぞれがみな神となります。

5

一書（第五）にいう。伊奘冉尊は、火の神を生まれたときに焼かれて亡くなられた。そこで紀伊国の熊野の有馬村に葬り申し上げた。その土地の者がこの神の魂をお祭りす

6

解説▼

るにあたっては、花のときには花でお祭りする。また鼓（つづみ）や吹（ふえ）や幡旗（はた）を用い、歌を歌い、舞を舞ってお祭りする。

三重県熊野市有馬町に「花ノ窟（いわや）」という地上七十メートルに達する岩壁（がんぺき）があり、この一書にある「有馬村（ありまのむら）」はここだといわれます。現在、花窟神社（はなのいわや）では二月と十月に花を供（そな）え、岩にしめ縄をかけてイザナミの女神をお祭りします。

一書（第六）にいう。伊奘諾尊（いざなきのみこと）と伊奘冉尊（いざなみのみこと）は、ともに大八洲国（おおやしまぐに）をお生みになった。そのあとに、伊奘諾尊（いざなきのみこと）は「私たちが生んだこの国は、ただ朝霧だけが立ち込めていることだ」とおおせられた。そして、たちまちこれを吹き払うと、その息が神となり、名を級長戸辺命（しなとべのみこと）と名づけた。または、級長津彦命（しなつひこのみこと）という。これは風の神である。また、飢えをおぼえたときに生まれた子を✤倉稲魂命（うかのみたまのみこと）と名づけた。また、海の神々をお生みになり、少童命（わたつみのみこと）と名づけた。山の神々を山祇（やまつみ）と名づけた。✤水門（みなと）の神々を速秋津日命（はやあきつひのみこと）と名づけた。木の神々を句句廼馳（くくのち）と名づけた。土の神を埴安神（はにやすのかみ）と名づけた。このあとに、ことごとくのもの、万物をお生みになった。

火の神、軻遇突智（かぐつち）が生まれるに及（およ）んで、その母、伊奘冉尊（いざなみのみこと）は焼かれて亡くなられた。このとき、伊奘諾尊（いざなきのみこと）はこれを恨（うら）んで「たった一人の子を、私の愛（いと）しい妻に替えてしまった」とおおせになり、妻の枕辺（まくらべ）に腹ばい、また足元に腹ばって、声をあげ泣いて涙を流された。その涙が落ちて神となった。これは、畝丘（うねお）の木の下に鎮座する神、啼沢女命（なきさわめのみこと）と

✤ 倉稲魂命　稲など穀物の神。

✤ 水門の神　水門は河口の意。海水と淡水の混ざり合う河口を重要な領域として神とみている。

名づけられた。

そして、ついに身に佩びていた❖十握剣を抜いて、軻遇突智を三つに斬った。そのそれぞれが神となった。また、その剣の刃から滴った血が、天安河辺にある❖五百箇磐石となった。これが、❖経津主神の祖である。また、その剣の鍔から滴る血が、ほとばしって神となった。名づけて甕速日神、熯速日神という。この甕速日神は武甕槌神の祖である〔または、甕速日命、次に熯速日命、次に武甕槌神という〕。また、剣の切っ先から滴る血が、ほとばしって神となった。名づけて磐裂神という。次に根裂神、次に磐筒男命、一説に、磐筒男命と磐筒女命という。また、剣の柄から滴る血が、ほとばしって神となった。名づけて闇龗という。次に闇山祇、次に闇罔象。

解説▼

ここで、初めてイザナキによる火神カグツチ斬殺が語られます。その血から生まれる五百箇磐石は鉱石、甕速日神、熯速日神は激しい火や火花、根裂神、磐筒男命は木の根や岩をも裂く刀剣や雷の威力、闇龗、闇山祇、闇罔象は、谷の水神をいい、刀剣や雷が呼ぶ雨水をあらわしています。

火の神、カグツチを斬るとは、火の制御を示しています。火は、すべてを焼き尽くす破壊力をもつ一方で、穀類の煮炊き、土器の生産、金属の精錬など人間の生活には欠かせない便利なものです。この神話は、火の神を父神が斬り殺すことで、火の破壊力を抑え、刀剣を鍛える火などに転換していくことをあらわしています。

ここでは火の神の誕生に関連して、初めての「死」（イザナミ女神の死）と、初めての殺

❖十握剣　「握（ツカ）」は長さの単位で約10センチ。ここは長さ約１メートルの剣をいう。
❖五百箇磐石　五百箇は数多くの意。多くの岩石群。
❖経津主神　刀剣の神。フツは刃物で何かを切ったときの擬音語。

解説▼

害（火神カグツチの斬殺）も語られています。世界各地の神話においても、「火」を獲得することが死をも獲得するという話は多く存在します。古代の人々は、火をコントロールしなければ死がもたらされることになるとよく知っていたのです。現代人よりもすぐれた直感力、想像力をもっていたのかもしれませんね。

そののち、伊奘諾尊は、伊奘冉尊を追いかけて❖黄泉の国に入り、ともに語り合われた。このとき、伊奘冉尊は、「我が夫の尊よ、なぜ遅くいらしたのですか。私はもう黄泉の国の竈で煮炊きしたものを食べてしまいました。けれども、私は今から臥し休みます。どうか私をけっして見ないでください」と言われた。伊奘諾尊はこれを聞き入れず、ひそかに自らの神聖な櫛を取り、その端の太い歯を一本折り取って、これに火を灯して見てしまわれた。すると、妻の身体には膿があふれ、虫が集まりたかっていた。今の世の人々が、夜に一つ火を灯すことと、櫛を投げることを忌み嫌うのは、これが由縁となっている。

　黄泉の国の竈で煮炊きしたものを食べたとは、「共食儀礼」にあたります。共食儀礼とは、ここでは、同じ火を使って煮炊きしたものを一緒に食べることで、その共同体に仲間となって迎え入れられることを意味します。したがってイザナミは「すでに私は黄泉の国の仲間として迎え入れられたのです」と言ったことになります。

　ここでイザナミがイザナキに「見ないでください」と言った話は「見るなのタブー

❖ 武甕槌神　雷神であるとともに刀剣神。
❖ 黄泉の国　「ヨミ」は日本語の古い言葉で「死者の行く国」をあらわす。漢語の「黄泉」は「地下にある死者の行く場所」で、「ヨミ」に当てられたのであろう。

解説▼

（禁忌）」といわれるモチーフで世界中に分布しており、古今東西を問わず、見てはいけないと禁止された話は数多くあります。しかし、見てはいけないと言われて見なかった話はありません。「見るなのタブー」は、むしろ見るという行為を導き出すための伏線として語られているのです。

さて、伊奘諾尊はたいへん驚いて、「私は思いもよらず、たいへん恐ろしい穢れた国に来てしまった」とおおせられ、急いで帰ろうと走り出された。伊奘冉尊はこれを恨み、「なぜ約束を破り、私に恥をかかせたのです」とおっしゃって、すぐさま泉津醜女八人（一説には泉津日狭女という）に追いかけさせ、引き留めようとされた。そこで伊奘諾尊は剣を抜いて後ろ手に振りながら逃げ、❖黒鬘を投げると、それはたちまち山葡萄となった。醜女たちは、これを見つけると採って食べ、食べ終わるとまた追いかけてきた。伊奘諾尊が今度は神聖な櫛を投げると、それはたちまち筍になった。醜女たちはまたこれを抜いて食べ、食べ終わると、さらに追いかけてきた。

泉津醜女は、黄泉の国の呪力ある鬼女です。イザナキの泉津醜女からの逃走は「呪的逃走」という説話の型で、何者かに追いかけられたとき、それに対してさまざまな物を投げたり、それとの間に物を置いたりして逃走すると、その物が追いかける者の障害物になる、という話です。日本の昔話でも「三枚のお札」などがそれにあたります。この話型は、世界中に分布しており、投げる物は、櫛やリボンなどの頭部に着ける物および

❖ 黒鬘　「かずら」は蔓植物で作った髪飾り。

解説▼

石や食べ物が多いようです。ここでは、蔓植物の髪飾りが山葡萄となり、櫛が筍となって、この話型に合致します。櫛が筍となるところからは、この櫛が竹製であったことがわかります。

のちに伊奘冉尊も自ら追いかけてこられた。このとき、伊奘諾尊はすでに泉津平坂❖に到着されていた。〔一説では、伊奘諾尊が大木に向かって放尿されたところ、たちまち大きな川となった。泉津日狭女がその川を渡る間に、伊奘諾尊は泉津平坂に着いたという〕

そこで伊弉諾尊は、千人所引の磐石（千人で引くほどの巨大な岩）でその坂を塞ぎ、伊奘冉尊とその岩をへだてて向かい合い、妻への絶縁の言葉を述べられた。

このとき、伊弉冉尊は、「愛しい我が夫の君よ、あなたがそう言うなら、私はあなたが治める国の民を一日に千人くびり殺します」とおおせられた。すると伊奘諾尊は答えて、「愛しい我が妻よ、あなたがそう言うなら、私は一日に千五百人を生まれさせよう」とおおせられた。そして、「ここから先に来てはならぬ」とおおせられ、杖を投げた。その杖を岐神という。

イザナキとイザナミは互いに絶縁の言葉を述べます。この言葉によって、人間の「生」と「死」の由来が語られます。これは生死の起源神話です。

なお、岐神は、「ここから先は来てはならない」ことを示す神で、杖を立てるのは、自分の占有する地域を示す行為です。ここでは、杖を境界として悪いものをその先に通さ

❖泉津平坂　黄泉の国と現し世との境界。

ないという考え方が示されています。

また帯を投げた。これを長道磐神という。またその衣（上着）を投げた。これを煩神という。またその褌を投げた。これを開囓神という。またその履を投げた。これを道敷神という。その泉津平坂〔あるいは、泉津平坂は、特定の場所を指すのではなく、人が死ぬとき、息が絶えるその瞬間のことをいうか、といわれる〕に置いて塞いだ岩を、泉門塞之大神、または道返大神という。

こうして伊奘諾尊は帰還された。そして後悔して「私はこれまでたいへん恐ろしい穢れたところに行っていた。だから、この身の穢れを洗い流そう」とおおせになると、ただちに筑紫の日向の小戸の橘の檍原に行って、禊ぎ払いをなさった。穢れをすすぎ流そうとして、言葉に出して「上の瀬は流れがたいへん速い。下の瀬は流れがたいへん弱い」とおっしゃり、中の瀬で身をすすがれた。

これによって生まれた神を八十枉津日神と名づけた。次にその神の枉を直そうとして生まれた神を神直日神、大直日神と名づけた。それから海の底に沈んで身をすすいだ。これによって生まれた神を底津少童命、底筒男命と名づけた。また、海の中ほどに潜って身をすすいだ。これによって生まれた神を中津少童命、中筒男命と名づけた。また、海面に浮いて身をすすいだ。これによって生まれた神を表津少童命、表筒男命と名づけた。合わせて九柱の神が生まれた。その中の底筒男命、中筒男命、表筒男命は、住吉大神である。底津少童命、中津少童命、表津少童命は、❖阿曇連などが祭る神である。
そしてこののち、左の眼を洗われた。これによって生まれた神を天照大神と名づけた。また、右の眼を洗われた。これによって生まれた神を月読尊と名づけた。また、鼻を洗われた。これによって生まれた神を素戔嗚尊と名づけた。合わせて三柱の神が生まれた。
そこで、伊奘諾尊は三柱の御子に命じられた、「天照大神は、高天原を治めよ。月読尊は潮が幾重にも重なる青海原を治めよ。素戔嗚尊は天の下を治めよ」と。

解説▼

イザナキは、着ていた上衣、はかま、くつを投げ捨てて黄泉の国と訣別します。泉津平坂を塞いだ大岩が神として命名されます。その後、筑紫の日向で禊をされます。まず、多くの凶事をあらわす八十枉津日神が生まれ、これを直す二神が生まれます。これは、凶事はあっても直すことができる、という日本古来の思想をあらわしています。凶事を直したのちには三柱の少童命と三柱の筒男命が生まれます。この少童命は海の神、筒男命は航海の神と考えられています。そしてその後アマテラス、月読尊（以下、ツクヨミ）、スサノヲの三柱の神が誕生します。

ここでツクヨミが潮の重なる青海原を治めよと命じられるのは、潮の干満と月の満ち欠けが関係するからです。

このとき素戔嗚尊は、すでに大人になっており立派な髭もたくわえていたが、天の下を治めず、いつも怒り恨んで泣きわめいていた。伊奘諾尊が「そなたはいったい何故い

❖ 阿曇連　全国の海部を統括する氏族。ワタツミ三神を奉祭した。ワタツミ神とは、海神で漁業の守護神とされる。

つまでもそのように泣くのか」と問うと、素戔嗚尊(すさのをのみこと)は「私は母に従って根の国に行きたいので泣いているのです」と答えた。伊奘諾尊(いざなきのみこと)は、これを嫌って「心のままに行け」とおおせになり、たちまち追放された。

解説▼

スサノヲはこの話(第六の一書)では、禊(みそぎ)をしたイザナキから生まれており、イザナミから生まれていません。すると、ここでいう「母」は誰なのでしょうか。母をイザナミであるとすると、イザナミは「黄泉の国(よみのくに)」にいるのだから「根の国」に行きたいというスサノヲの発言はちょっと変ですね。したがって、ここの「母」は「母なる大地」を指すとする説もあります。同じ問題は『古事記』にもあります。

◆大地母神(だいちぼしん)としてのイザナミ、そして生と死の起源

第五段の一書(第六)の、女神が一日に千人ずつ死なせ、男神が一日に千五百人ずつ生まれさせるというくだりは、たいへん面白い物語です。同時代の書『古事記』にも同様の神話が記されています。

イザナミは、すべてを生み出す女神でしたが、その最後で死を司る(つかさど)神になりました。これは世界の神話において、すべてを生み出す女神に共通する性格です。このよ

うな女神を神話学では「大地母神（グレートマザー）」といいます。

　この大地母神の概念の根底には、すべてのものは大地から生まれて大地に還るという考え方があります。大地は女神に象徴されており、だからこそすべてを生む大地母神が、最終的に死をも司る神になるのです。すべての「生」が「死」をもって完結するという事象が、大地母神にあらわされています。

　すべての生物が死をもって完結するということは、逆に死ぬからこそ再生があるということでもあります。「死」がなければ、再び生まれる必要もありません。植物も動物も死んで再び生まれるという循環によってこの世界は成り立っています。農耕においても、種は地面に落ちて姿を消してこそ芽を出すのです。人間もまた死ぬからこそ次世代の新しい命が生まれてくる。そういう考え方がこの女神にあらわされていま す。

　大地母神は、ギリシャ神話に登場するガイヤ、ポレー、ペルセポネといった女神がそうであるとされ、メソポタミア神話にもエジプト神話などにも登場します。イザナミもまさに大地母神でしょう。ですから、すべてを生み出したイザナミが最終的に死の女神として君臨するのはむしろ自然な成りゆきといえます。

もう一つ、この神話が語ることは生と死の分離です。千人が引くほどの大岩によってイザナキ、イザナミが隔てられて、私はこれから千人ずつ殺すと女神が言い、男神が千五百人ずつ生まれさせると宣言します。ここで生と死は明確に分離されて分担が決まります。

神話とは元来、人間の問いに答えるものであるともいわれます。なぜ人は死ぬのか、なぜ人は生まれてくるのかという人類の根源的な問いに対して、この神話はこのように答えているといえます。

7

一書（第七）にいう。伊奘諾尊は剣を抜き、軻遇突智を斬って三つにしてしまわれた。その一つは雷神となり、一つは大山祇神となり、一つは高龗（水神）となった。

また、こうもいう。軻遇突智を斬ったときに、その血がほとばしって、天の多くの川原にある五百箇磐石（多くの岩石群）を染めた。ここから出現した神を磐裂神と名づけた。次に根裂神とその子、磐筒男神。次に磐筒女神とその子、経津主神。

8

一書（第八）にいう。伊奘諾尊は❖軻遇突智命を斬って五つになさった。これは、それ

❖ 軻遇突智と山神　体の５つの部分が全部山の神となったとある。火の神が山の神になったという神話の背景には焼畑農耕の文化があるか。

9

解説▼

ぞれ五つの山祇（山神）となった。一つ目は首で大山祇となった。二つ目は胴体で中山祇となった。三つ目は手で麓山祇となった。四つ目は腰で正勝山祇となった。五つ目は足で爲雔山祇となった。このときに斬った血がほとばしって小石や草木を染めた。これが草木や石が自ら火を含む由縁である。

「草木や石が自ら火を含む」とあります。草木は、山火事や野火で燃えます。また、火を含む石はリン（燐）や石炭と考えられ、自然に発火して火事になることもあります。このように、草木や石が発火したり燃えたりするのは、カグツチの血が草木や石に飛び散って火として宿り、何かの拍子に表に出て燃えると考えられたとされます。

一書（第九）にいう。伊奘諾尊は妻に会いたいと思われて、❖殯の場に行かれた。このとき、妻、伊弉冉尊はまだ生きているときのように出迎え、二神はともに語り合われた。このとき、妻は伊奘諾尊に「我が夫の尊よ、どうか私を見ないでください」とおっしゃった。言い終わるとたちまち姿を消し、そこは暗闇となった。伊奘諾尊が、一つ火を灯してご覧になると、伊弉冉尊の体は腫れて膨れ上がっており、その上には八体の雷がいた。伊奘諾尊は驚いて、走って逃げた。すると、その雷どもはみな立ちあがって追いかけてきた。途中の道端に大きな桃の木があった。伊奘諾尊がその木の下に隠れ、その桃の実を採って雷に投げつけたところ、雷どもはみな逃げ去った。これが、桃を用いて鬼を遠ざける由来である。

❖殯　本葬までの間、遺体を安置して弔うこと、また、その場。

このとき、伊弉諾尊は杖を投げて「ここからこちらへ雷はけっして来ないように」とおっしゃった。この杖を岐神という。この神の元の名を来名戸祖神という。八体の雷は、首にいたのが大雷、胸にいたのが火雷、腹にいたのが土雷、背にいたのが稚雷、尻にいたのが黒雷、手にいたのが山雷、足の上にいたのが野雷、陰部の上にいたのが裂雷という。

桃が邪気を遠ざけるという信仰は、古代中国から伝わったといわれています。近年、奈良県桜井市の纏向遺跡で三千個に及ぶ桃の種が出土しました。これらは、放射性炭素年代測定法で西暦一三〇〜二三〇年のものとわかりました。この大量の桃は、三世紀前半の国内最大規模とされる大型建物跡から出土しており、これが女王卑弥呼の宮殿とも考えられることから、日本ではこの頃から桃が魔除けの祭祀物として使われていたといわれます。ここの話の背景として、そういった考古学の裏付けがあるのは面白いですね。

一書（第十）にいう。伊奘諾尊は追いかけて、伊奘冉尊のところに行き、「あなたの死が悲しくて来たのだ」と語りかけた。妻は答えて「我が夫よ、私を見てはなりません」と言う。伊奘諾尊はこれに従わず、見てしまわれた。それで伊弉冉尊はこれを恥じ恨んで「あなたは、私の実の姿をご覧になりました。私もあなたの実の姿を見ました」と言った。伊弉諾尊もこれを恥じて、帰ろうとなさった。このとき、黙って帰らずに盟いを立てて「離別しよう」とおおせられ、また「私は負けぬ」とおおせられた。この盟いに際

解説▼

して唾(つば)を吐(は)いたときに生まれた神を速玉之男(はやたまのを)という。次にこの場を離れるときに生まれた神を泉津事解之男(よもつことさかのを)という。合わせて二柱の神である。

「唾(つば)を吐(は)いた」とありますが、これには自分の言葉に対して誓(ちか)いを立てるという意味があり、ここでは神聖な行為とされています。日本だけでなく世界的にも、多くの古代社会では、唾には不可思議な力がこもっていると考えられていました。

その妻と泉平坂(よもつひらさか)で争われたとき、伊奘諾尊(いざなきのみこと)は「はじめに我が妻のために悲しみ偲(しの)んだのは、私が弱かったからだ」とおっしゃった。このとき、泉守道者(よもつちもりひと)が申し上げた。「伊弉冉尊(いざなみのみこと)のお言葉があります。『私は、あなたと国を生みました。どうしてこれ以上生きることを求めましょう。私はこの国に留(とど)まります。あなたとともに行くことはできません』と」。折しも、菊理媛神(くくりひめのかみ)もまた申し上げることがあった。伊奘諾尊(いざなきのみこと)はそれを聞いて喜ばれ、そして別れ去って行かれた。

ただし、伊奘諾尊(いざなきのみこと)は自ら黄泉(よみ)の国をご覧になっており、これは不吉(ふきつ)なことであった。そこで、その穢(けが)れをそそいで祓(はら)おうと思われ、すぐさま粟門(あわのと)と速吸名門(はやすいなと)を見に行かれた。しかしこの二つの海峡は潮(しお)の流れがたいへん速かった。そこで橘之小門(たちばなのおど)（日向）に戻られ、そこで祓(はら)いすすがれた。このとき、水に入って、磐土命(いわつちのみこと)を吹(ふ)き生(な)し、水から出て、大直日神(おおなおびのかみ)を吹き生された。また水に入って、底土命(そこつちのみこと)を吹き生し、水から出て、大綾津日神(おおあやつひのかみ)を吹き生された。また水に入って、赤土命(あかつちのみこと)を吹き生し、水を出て、大地と

11 解説▼

海原の諸々の神を吹き生された。

ここでは、菊理媛神が何を言ったかが気になりますが、それは記されていません。菊理媛の「くくり」を「括り」と考えれば、これは黄泉平坂をしっかりと閉じくくる役割の女神であり、生死の境界を防いだことをあらわすものかもしれません。

一書（第十一）にいう。伊奘諾尊は三柱の子に命じて「天照大神は高天原を統御せよ。月夜見尊は日と並んで天上を治めよ。素戔嗚尊は青海原を統御せよ」とおおせられた。

こうして天照大神は天上にあっておおせられた「葦原中国には、保食神（食物を司る神）がいると聞く。そなた、月夜見尊よ、行って見てくるように」と。

月夜見尊は、その勅を受けて地上に降り、保食神のところにおいでになった。保食神は首を廻らせて、大地に向かうと口から飯が出、海に向かうと口から大小のありとあらゆる魚が出、山に向かうと口からありとあらゆる鳥獣が出てきた。保食神は、そうしたさまざまな物をすべてそろえて、多くの卓の上に積み上げ、おもてなしとして献上した。このとき、月夜見尊は、色をなしてお怒りになり、「なんと汚らわしい、なんと卑しい。どうして口から吐き出したものを私に食べさせようとするのか」とおっしゃって、たちまち剣を抜いて、殺してしまわれた。

その後、月夜見尊はこのことをつぶさに天照大神に申し上げた。すると天照大神のお怒りは甚だしく、「そなたは悪い神だ。もうけっして会わぬ」とおおせになり、月夜見尊とは、一日一夜を隔てて離れて住むことになさった。

このの ち、天照大神は天熊人に命じて、再び保食神を見に行かせた。保食神はすでに死んでしまっていた。ただ、その神の頭には牛馬ができ、額の上には粟が生り、眉の上には繭ができ、眼の中に稗が生り、腹の中に稲が生り、陰部には麦と大豆と小豆が生っていた。天熊人はこれらをすべて取って持ち帰り、天照大神に奉った。

天照大神はお喜びになって、「これらのものは、地上の人間が食べて生きていくものである」とおおせられて、粟、稗、麦、豆は畑の種となさり、稲は水田の種となされた。また、これによって村長として天邑君を定められた。そして、その稲種を初めて天上の田、天狭田、長田に植えた。その秋の稲穂は大きく垂れるほどに稔ってたいへん喜ばしいものであった。また、口の内に繭を含むと、たちまち糸を抽き出すことを得た。養蚕の道は、ここから始まった。

解説▼

第十一の一書は昼と夜の分離の神話です。太陽と月が同じ天上世界にいても共存しないことになった由来が語られています。

保食神のエピソードは、食物を司る神が殺されることによってその身体から農耕生産の元となるものが生まれて、それが人間の手に渡り、そこから農耕が始まるという、農耕の起源神話となっています。これは、『古事記』のスサノヲによるオオゲツヒメ殺害の神話と類似しています。この型の神話は、日本だけでなく、インドネシアを中心とした東南アジアにも多く分布しています。

◆第五段の本書と一書の構造

あらためて説明しますと、ここでみてきた第五段は、本書が比較的シンプルで短いのに対して、一書の中には長大な物語となっているものや詳細なエピソードがあり、また一書の数が十一もあって、ほかの神代の段に比べても、特に一書の内容が重視されていたようです。この段の本書と十一の一書の関係を少し考えてみましょう。

まず本書では、イザナキとイザナミが海、川、山、木、草といった自然神を生み、次いで「天下の主」を生もうと、日の神(大ヒルメのムチ、アマテラス大神、アマテラス大ヒルメ)、月の神(ツクユミ、ツクヨミ)、ヒルコ、スサノヲを生みます。日の神と月の神は天に送られましたが、ヒルコは船に乗せて放たれ、スサノヲは根の国へと追放されます。本書の内容はそこまでです。そして、この本書の別伝として第一と第二の一書が記載されます。

一書(第一)は、イザナキ一神が鏡を手にして大ヒルメ、ツクユミ、スサノヲを出現させます。大ヒルメとツクユミには天地を治めさせますが、スサノヲには根の国を治めさせます。

一書（第二）では、本書と同様にイザナキ、イザナミが日の神、月の神、ヒルコ、スサノヲを生み、スサノヲに根の国を治めさせ、ヒルコを船に乗せて放ちますが、ここではその後のこととして火神カグツチの誕生とそれによるイザナミの焼死が語られます。この、火神の誕生と女神イザナミの死は、本書にはない内容です。しかし、この後の第三から第十までの一書は、この内容を踏まえて書かれており、この火神誕生と女神の死がこの段において重要な神話であったことがわかります。

第三、第四、第五の一書は火神誕生とイザナミの死の神話のバリエーションで、一書（第二）の内容の別伝であることがわかります。また、第五ではイザナミがその後熊野に葬られたこと、その祭りの様子が記されます。

一書（第六）は本書よりはるかに長大な内容をもっています。イザナキ、イザナミは二神で万物を生んだあと、火神カグツチを生んでイザナミが焼死します。イザナキはカグツチを殺害して黄泉（よみ）の国を訪問し、そこで「見るなのタブー」を破って逃走し、黄泉平坂（よもつひらさか）（泉津平坂、泉平坂）で妻と別れ、日向で禊（みそ）ぎをして一神でアマテラス、ツクヨミ、スサノヲを生みます（小異はありますが『古事記』にも類似した内容が記されています）。そして、この内容からみると、この第六は、本書だけではなく、第一から第五までの一書の内容と関連することがわかります。特に第二から第五の一書に描かれる火神の誕生とそれによるイザナミの死が、この長大な一書の根幹をなすことは明らかです。

第七と第八の一書は、イザナキのカグツチ殺害神話のバリエーションです。カグツチ殺害は一書（第六）で初めて登場するエピソードですから、これらは直前の第六の別伝といえます。

第九と第十の一書は、イザナキが亡くなった妻イザナミに会いに行き「見るなのタブー」を課せられて、これを破る神話ですから、やはり、第六の「黄泉の国訪問」神話の別伝です。

一書（第十一）は、誕生したアマテラスとツクヨミ二神の神話で、太陽神と月神の別れによる昼夜分離と五穀の起源を語る神話が記されており、この第五段の一書群の中では独立した位置にあります。

このように見てくると第五段全体は、本書とその別伝、それと関連しつつ多彩な内容をもつ第六の一書とその別伝、最後に一つ独立した神話という構成になっていることがわかります。順序としては、本書から発展した一書群とも見えますが、逆に多彩な内容をもつ一書群の最重要な部分のみを抽出して描いたものを本書とした可能性もあるでしょう。

この第五段は、シンプルな本書の神話を中心に、一書の形で大きく展開する神話世界が立体的なふくらみをもって語られ、次の段へと引き継がれていきます。

◆「天照大神」と「日の神」

神名についても、本書と一書に違いがありました。本書では、「日の神」が誕生し「大日孁貴」と呼ばれていますが、「天照大神」という神名は出てきません。わずかに注記してあるだけです。「天照大神」は第六と第十一の一書に登場します。ところが、次の第六段の中心となる神は最初からアマテラスとスサノヲなのです。

また、第六段の舞台は「高天原（天上世界）」なのですが、この「高天原」という領域の名も、第一段からの本書には登場せず、わずかに第一段の一書（第四）の「またいう」に、天御中主尊、高皇産霊尊、神皇産霊尊という神々とともに記されていたもので、ここ第五段では、第六と第十一の一書にだけ出てきます（高天原と天御中主尊以下の三神は『古事記』冒頭部と同じです）。

次の段からは、「高天原(たかまのはら)」は天上世界として確かな地位を占め、大日孁貴(おおひるめのむち)と本書で呼ばれていた神はアマテラスとして登場します。一書が単なる注でなく、日本書紀神代の巻の本筋にも関わる重要な記事であったことがわかります。

また、火神誕生とイザナミ焼死の神話は、見てきたように第二、第三、第五、第六の一書にあり、火の神に身を焼かれる話は第四に、亡くなった話は第九、第十にあって、多くの一書に語られています。

イザナキのカグツチ殺害神話(第七、第八)もカグツチが母神を焼死させたから、と想定できますから、全体としてイザナミが火神に焼かれて亡くなる話が圧倒的に多いことは明らかです。このパターンではイザナキと死の国の存在となったイザナミは最終的に別離し、別離が描かれない場合でもその別離は想定されていたと考えられます。古事記もこのパターンですね。けれども、第五段の本書だけはこの部分がありません。本書では、イザナミは火の神を生まず、したがって亡くなることもなく、イザナキとの離別も語られません。

第五段の本書は、天下の主神たる日の神、月の神、そして根の国の存在となるスサノヲが、イザナキ・イザナミという夫婦神によって誕生したことを主旨として語ることが目的であり、それ以外の要素は不要の物語として採用しなかったのかもしれません。

◆火の神カグツチの誕生と死の意味

一書の多くに語られる火の神カグツチも重要な存在といえます。カグツチの誕生と死には、そこに連なる多くの神々が出現します。

カグツチを出産したイザナミは火傷(やけど)によって死に至る前に、水神、土神、鉱山神などを生み出したとするエピソードが一書の第二、第四に記されています。これは、火を制御(せいぎょ)する水、火と土による土器の製造、鉱山から産出される鉱物の火による精錬(せいれん)などが関係しているからでしょう。また、一書（第二）で火神と土神が結ばれて五穀の神が生れることも火が穀物を人間の食料となし得たことを語る神話といえます。なぜなら、穀類は、生のままでは人間の食料とはならないからです。人間は、鳥獣と違って生の穀物を消化できません。穀物は、火で調理することによって初めて人類の食料となり得ます。「火」は穀物が食料となるために必須のものだったのです。

また、一書の第六、第七では、カグツチの死によって雷神、刀剣神などが出現します。これは、火の破壊力、暴力性が雷の威力に匹敵すること、そしてその破壊力をコントロールできれば刀剣のような強力な金属製品を製造することが可能であることを示しています。

そして、このエピソードから、イザナキのカグツチ殺害は、「火」の制御を語る神話であることがわかります。イザナキは妻を亡くした悲しみのためにカグツチを殺害したように描かれてはいますが、実は、「火」は、その暴力的な一面さえうまく制御できれば、刀剣を製造することもできるものであることが語られています。「火」のもつ破壊力がイザナミの死に、その限りない生産力が多くの神々の出現に表現されています。火神カグツチは「火」の正負の両義性をもつ神なのです。

人類が「火」を獲得したために「死」をも獲得してしまったとする神話は、日本以外でも、世界の多くの文化圏でさまざまに語られてきました。「火」は人間に文明と文化をもたらしましたが、一方で、大きな破壊力を与えるものでもありました。それを直観的に知った古代の人々が、このような「火」と「死」の神話を語り伝えたと考えられます。カグツチの誕生と死に関する神話は、「火」が人類に「死」をもたらす破壊的パワーであると同時に、文化、文明を与えるツールでもあることを象徴的に語っているのです。

穢れを清め祓ったところに真の清浄があらわれる

なお、この段の最長の物語である一書第六は、特に古事記の神話とよく似ています。

両者の神話では、アマテラス、ツクヨミ、スサノヲの三神は、黄泉(よみ)の国の穢(けが)れを祓(はら)ったところに誕生します。

特にアマテラスという至高の神が、初めから穢れのない場に生まれるのではなく、穢れを浄めたところに生誕したという展開は、穢れを知らぬ清らかさよりも、存在した穢れを浄め祓ったところにこそ真の清浄があらわれるとする、古代日本の思想の一端をあらわしているようにも思われます。

第六段

アマテラスとスサノヲの誓約（うけい）

スサノヲの高天原（たかまのはら）訪問

さて、素戔嗚尊（すさのをのみこと）は、「私は今、お言葉を受けて根（ね）の国（くに）❖へと参ります。それゆえ、しばし高天原（たかまのはら）に行って姉上とお会いし、そののちに永久（とこしえ）に去ろうと思います」と願い申し上げた。伊弉諾尊（いざなきのみこと）はこれをお許しになり、素戔嗚尊（すさのをのみこと）は天に昇（のぼ）っていった。

そののち、伊弉諾尊（いざなきのみこと）は神としての使命をすべて終え、この世を去ることとなった。そこで、幽（かく）れの宮を淡路の国につくり、そこに静かに永（なが）くお隠（かく）れになった。また、こうもいう。伊弉諾尊（いざなきのみこと）は使命をすべて終えて、その徳もまた偉大であった。そこで天に昇ってご報告なさったのち、日

❖根の国　大地の底の領域。

の少宮に留まり住まわれた、と。

はじめ、素戔嗚尊が天に昇られたとき、大海は轟いて沸き立ち、山や峰は激しく鳴り吠えた。これは、この神がたいへん猛々しかったからである。

天照大神は、もとよりこの神が荒々しく悪しきことをご存じだったが、昇ってくるあり様をお聞きになると、たいへん驚かれておおせられた、「我が弟の来訪は、きっと善い心からではあるまい。この国を奪おうとする心があるのであろう。私たちの父母は、すでに私たちにそれぞれの国の統治をお命じになった。なぜ行くべき国を棄て置いて、あえてここを狙うのか」と。

そして、たちまち髪を髻に結い上げ、裳を縛って袴にし、八坂瓊の五百箇御統（大きな宝玉をたくさん連ねた玉飾り）をその髻と鬘と両腕にまとい、背には千本の矢の入る靫と五百本の矢の入る靫を背負い、腕には霊威ある鞆をつけ、弓を振りたて、剣の柄をしっかりと握って、堅い地面を深々と踏み抜いて淡雪のように蹴散らした。

❖父母　ここではイザナキとイザナミ。
❖髻　左右に分けて結う男子の髪型　❖裳　ロング巻スカート風の衣装
❖靫　矢を入れる入れ物　❖鞆　弓の弦が腕に当たるのを防ぐ防具で左手首の内側に着ける。

そして霊威あるお言葉で詰問なさった。

スサノヲは根の国へと去ることとなりますが、その前に姉神のアマテラス大神に会うために高天原（たかまのはら）へ昇っていきます。このときの海山の轟（とどろ）きを聞いたアマテラスは、スサノヲの訪問がよくない意図によるものと思われて、男装し武装して待ち受けます。

アマテラス大神が女神だったというのは、ここの文からもわかります。ここでは、アマテラスは「髪を髻（みずら）に結い上げて」と記されます。元の髪型を変えて男性の髪型である髻（みずら）に結い上げたのです。女性の衣装である裳を縛って袴（はかま）にしたともあり、髪も衣装も女性のものを変えて男装をしたことがわかります。その上で玉飾りをまとい、弓矢と剣で武装します。

玉飾りの「御統（みすまる）」は玉を連ねて紐（ひも）を通したもので、それを頭部の左右の髻（みずら）と鬘（かずら）の三箇所と左右の腕で合わせて五箇所につけました。この玉飾りは、のちの「誓約（うけい）」で重要な役割をもつことになります。

誓約によって御子を生む

素戔嗚尊は「私はもとより悪い心を持ってはおりません。けれども、父母の厳しいご命令があったので、永久に根の国に去ろうとしております。もし、姉上とお会いしなければ、私はどうして根の国へと去れるでしょうか。だからこそ、雲や霧を踏み渡り、この遠い道のりを参りました。それを姉上がそのようにお怒りになるとは、思いもよらぬことでした」と答えた。

すると、天照大神は「もしそれが本当であれば、何をもってそなたの心の潔白を証明するのか」と問われた。そして、素戔嗚尊はこれに答えて「ともに誓約をすることをお許しください。誓約の中で必ず御子を生むこととしましょう。もし私が生む子が女であるならば、私には悪い心があるとお思いください。もしそれが男であるならば、清い心があるとお思いください」と言うのだった。

姉神に向かってスサノヲは弁明しますが、姉の疑念は晴れません。そこでスサノヲは「誓約(うけい)」を提案します。誓約(うけい)とは一種の占(うらな)いで、あらかじめ結果を決めてから、その結果を得るための行為をおこなうことです。ここでは、生まれた子が男だったら清い心がある、女だったら悪い心があるという条件を提示しています。

　そこで天照大神(あまてらすおおみかみ)は素戔嗚尊(すさのをのみこと)の十握剣(とつかのつるぎ)を手に取って、これを三つにうち折り、❖天(あま)の真名井(まない)ですすいで、よく噛(か)んで吹き出した。この息吹(いぶき)の霧(きり)の中に神が誕生した。名づけて田心姫(たこりひめ)という。次に湍津姫(たぎつひめ)。次に市杵嶋姫(いちきしまひめ)。合わせて三柱の女神である。

　素戔嗚尊(すさのをのみこと)は天照大神(あまてらすおおみかみ)の髻(みづら)と鬘(かづら)と腕にまとった八坂瓊(やさかに)の五百箇御統(いほつのみすまる)をいただいて、天の真名井にすすいで、よく噛んで吹き出した。この息吹の霧の中に神が誕生した。名づけて正哉吾勝勝速日天忍穂耳尊(まさかあかつかちはやひあまのおしほみみのみこと)という。次に天穂日命(あまのほひのみこと)〔これは出雲臣(いづものおみ)・土師連(はじのむらじ)等の祖先である〕、次に天津彦根命(あまつひこねのみこと)〔これは凡川内直(おおしこうちのあたい)・山代直(やましろのあたい)等の祖先である〕、次に活津彦根命(いくつひこねのみこと)。次に熊野櫲樟日命(くまのくすびのみこと)。合

❖天の真名井　天上世界の聖なる泉。

わせて五柱の男神である。

アマテラスが、スサノヲの剣を打ち折って天の真名井ですすいで、よく噛み、吹き出した息吹の霧の中に三柱の女神が顕現します。スサノヲが、アマテラスの五カ所（左右の髻、鬘、左右の腕）の玉飾りをいただいて、同じように天の真名井ですすいでよく噛んで吹き出した息吹の霧に五柱の男神があらわれます。スサノヲから顕現した神が男子であるところからスサノヲの心の潔白が証明されたことになります。

なお、〔　〕内の出雲臣などは、日本書紀編纂のころ実在した氏族です。

五男神と三女神

ここに、天照大神は勅して「生まれた神々の元となった物根をいえば、八坂瓊の五百箇御統は私の物であった。したがって五柱の男神はす

❖勅　天子の言葉、命令。この場合は、高天原の最高神として宣言すること。
❖物根　根源となる物。ここでは三女神、五男神を誕生させる元となるもの。

べて私の子である」とおおせられ、引き取って養育なさった。
また勅して「あの十握剣は素戔嗚尊の物であった。だから、三柱の女神はすべてそなたの子である」とおおせられ、素戔嗚尊に授けられた。
これが、筑紫の胸肩君がお祭りする神々である。

ここでは、スサノヲが男子を生んで潔白を証明したけれど、そのあとでアマテラスが、それは自分の物根（八坂瓊の五百箇御統）によって生まれた自分の子であると宣言しています。

この展開はやや複雑ですが、今後の物語のためにはどうしても必要な部分でした。それは、男神をアマテラスの御子だと定めておくためでした。

日本書紀第五段の本書では、イザナキとイザナミが「天下の主となるもの」として日の神、月の神、ヒルコ、スサノヲを生んだと記されています。また、一書（第一）ではイザナキが「天下を治める尊い御子を生もう」とおおせられて日の神、月の神、スサノヲを生んだとあります。しかし、いずれの場合もスサノヲはそれにふさわしくないということで、「根の国」に行くように命じられます。「根の国」は大地の下にある領域ですから、スサノヲは、姉や兄のアマテラスやツクヨミが「天上」に属するのに対して、「大地」に属する神だと考えられます。

そういうスサノヲが誕生させた五柱の御子は、地上に降りて「大地」を治める資質をもっているはずです。しかし、その御子はアマテラスの御統(みすまる)の玉を物根(ものざね)として天上で生誕したゆえに、同時に「天」の存在であり、アマテラスの直系の御子でもあったのです。「地」──この現世──を治める資質をもちつつも、天の主宰神アマテラスの直系で「天」に属する存在。それがここで誕生した五柱の男神であり、そこから第一代の天皇へと血筋がつながっていきます。だからこそのこの展開であったと考えられるのです。

別伝 3編

1

一書(第一)にいう。日の神は、もとより素戔嗚尊(すさのをのみこと)に猛々(たけだけ)しく、物事を侵(おか)す性格があることを知っていらした。その素戔嗚尊(すさのをのみこと)が天に昇ってきたので、「弟がやって来たのは、善い心からではないだろう。きっと私の天の原を奪うつもりにちがいない」と思われた。そこでただちに雄々しい男の武具を備えられ、身には十握剣・九握剣・八握剣を佩び、背には靫を背負い、腕には霊威ある鞆をつけ、手には弓矢を取り、自ら待ち受けて防御なさった。

このとき、素戔嗚尊は「私にはもとより悪い心はありません。ただ姉上とお会いしたいと思い、しばし参上しただけなのです」と申し上げた。

すると日の神は、素戔嗚尊と向かい合い、誓約を立てて「もしそなたの心が明らかに浄く、ここを侵し奪う意志がなければ、そなたが生す児は、必ず男であろう」とおおせられた。この言葉が終わり、先ず日の神が、身に佩びた十握剣を口に入れて御子を生された。名づけて瀛津島姫という。また九握剣を口にして御子を生された。名づけて湍津姫という。また八握剣を口にして御子を生された。名づけて田心姫という。合わせて三柱の女神である。

素戔嗚尊は、自らの首にかけていた五百箇御統の玉を天の美しい井ですすぎ、これを口にしてたちまち児を生した。名づけて正哉吾勝勝速日天忍骨尊という。次に天津彦根命。次に活津彦根命。次に天穂日命。次に熊野忍踏命。合せて五柱の男神である。こうして素戔嗚尊は、この誓約に勝った証を得たのであった。

日の神は、素戔嗚尊に本当に悪い心のないことを知って、ご自分が生された三柱の女神を筑紫の国に降された。そして、教えて「そなた三柱の神は、海の❖道中に降り鎮座し

❖道中　「道」は北九州から朝鮮半島へ行く道をいう。「道の中」は北九州から朝鮮半島へ行く海の道中、玄界灘を指す。

解説▼

て、天孫をお助け申し上げ、天孫のために祭られよ」とおおせられた。

この一書では、スサノヲの姉神として日の神が登場します。誓約を立てて、その条件を提示するのも日の神です。また日の神とスサノヲとの間に物根交換はおこなわれません。日の神はご自分の剣を口にして三女神を生し、スサノヲは、天の原にて天の井で浄めた五百箇御統の玉を口にして五男神を生します。そして、日の神の生した三女神は筑紫に降して玄界灘の守護神とされたことが語られる一方で、スサノヲの生した五男神の所属については記されません。

2

一書（第二）にいう。素戔嗚尊が天に昇ろうとしたときに、一柱の神があらわれた。羽明玉という。この神は、素戔嗚尊をお迎え申し上げて、瑞八坂瓊の曲玉（美しい大きな勾玉）を献上した。そこで素戔嗚尊はその玉を携えて天上に到着した。このとき、天照大神は、弟に悪い心があることを疑われ、兵を率いて詰問なさった。素戔嗚尊は、これに答えて「私がここに来た理由は、ただ本当に姉上とお会いしたかったからです。また、珍しい宝、この瑞八坂瓊の曲玉を献上したいと思っただけなのです。それ以外の意図はございません」と申し上げた。

このとき、天照大神は、「そなたの言葉の虚実は何をもって証明できるのか」と問われた。素戔嗚尊は、これに答えて「私と姉上とともに誓約を立てることをお許しください。誓約の間に、女が生まれたら黒心があり、男が生まれたら赤心があるとお思いください」

と申し上げた。

そこで、天の真名井を三カ所掘って、互いに向かい合って立たれた。このとき、天照大神は素戔嗚尊に語りかけて「私が佩びている剣を今、そなたに奉ろう。そなたは携えている八坂瓊の曲玉を私に授けよ」とおおせられた。このように約束して交換し、それぞれを手に取られた。

こうして天照大神は、八坂瓊の曲玉を天の真名井にふりすすぎ、玉の端を噛み切って吹き、息吹の中に神を顕現させた。名づけて市杵嶋姫命という。これは沖津宮に鎮座なさる神である。また玉の中ほどを噛み切って吹き、息吹の中に神を顕現させた。名づけて田心姫命という。これは中津宮に鎮座なさる神である。また玉の最後の部分を噛み切って吹き、息吹の中に神を顕現させた。名づけて湍津姫命という。これは辺津宮に鎮座なさる神である。合せて三柱の女神である。

素戔嗚尊は、得た剣を天の真名井にふりすすぎ、剣の先を噛み切って吹き、息吹の中に神を顕現させた。名づけて天穂日命という。次に正哉吾勝勝速日天忍骨尊。次に天津彦根命。次に活津彦根命。次に熊野櫲樟日命。合わせて五柱の男神である。このように伝えられる。

この一書では、本書と同様に物根の交換はありますが、本書とは物根そのものが逆になっています。アマテラスの剣とスサノヲの勾玉が交換され、アマテラスは勾玉を噛んで三女神を顕現させ、スサノヲは剣を噛んで五男神を顕現させます。三女神と五男神の

3

所属については語られていませんが、話の筋は本書に近いので、神々の所属は、本書と同じとして省略された可能性があります。

一書（第三）にいう。日の神は素戔嗚尊と、天の安の河を間に向かい合い、誓約を立てて、「もしそなたに害なす心がなければ、そなたが生む子は必ず男であろう。もし、男を生んだなら、私はその子を我が子として天の原を治めさせよう」とおおせられた。そして、日の神は先ずご自分の十握剣を口にして、瀛津嶋姫命、またの名は市杵嶋姫命を顕現させた。また、九握剣を口にして湍津姫命を顕現させた。また八握剣を口にして田霧姫命を顕現させた。

すると素戔嗚尊は、自分の左の髻に纏いている五百箇統の瓊を口に含み、左手の掌に置いて男神を顕現させた。そしてすぐさま「まさに私が勝ちました」と声に出して言われた。それで、この神を名づけて勝速日天忍穂耳尊という。また、右の髻の瓊を口に含み、右手の掌に置いて天穂日命を顕現させた。また、首にかけている瓊を口に含み、左の肘の中に置いて天津彦根命を顕現させた。また、右の肘の中から活津彦根命を顕現させた。また、左の足の中から熯之速日命を顕現させた。また、右の足の中から熊野忍踏命を顕現させた。素戔嗚尊の生した御子は、皆すべて男であった。

そこで、日の神は、素戔嗚尊がもとより赤心をもっていたとおわかりになって、この六柱の男神を引き取って日の神の御子として天の原を治めさせられた。そして、日の神が誕生させた三柱の女神を葦原中国の宇佐の島に降らせ鎮座させられた。この三女神は、今、海の北の道中に鎮座され、名付けて道主貴と申し上げる。筑紫の水沼君らがお祭りする神がこれである。

解説▼

この一書では、第一の一書と同じく日の神とスサノヲとの間に誓約がおこなわれ、二神は物根の交換をしません。スサノヲが、自分の五百箇統の瓊を口に含んでから左右の掌や肘に置いたり、肘や足から御子を顕現させる作法、およびその顕現させた男神の数が六柱であることは、この一書のみの特徴です。また、御子の所属は本書と同様に明確に示されます。アマテラスはこの六男神を「日の神の御子として天の原を治めさせ」、三女神を筑紫に降らせます。

◆スサノヲの潔白とアマテラス大神の御子

第六段は、アマテラスとスサノヲが誓約をして御子を誕生させる話となっています。この段（本書）では、前段である第五段本書で「日の神」「大日孁貴」と呼ばれた神は「天照大神」として登場します。この「天照大神」の名は第五段の本書では「大日孁貴」の「一書」の名として小さく注記されているだけですが、第五段の第六と第十一の一書には主人公の名として登場しています。ですから、第六段の本書は、第五段の本書ではなく、第六と第十一の一書を受けて書き継がれているといえるでしょう。

ここで語られるアマテラスとスサノヲの「誓約」は、本書と三つの一書の、合わせて四つの所伝で、誓約のための御子生みの元となる物根が異なったり、誓約に際しての物根交換がなかったり、御子の数が違ったりとさまざまにその内容が異なります。興味深いのは、天の主宰神の名によって誓約の内容が二系統に分かれていることです。

本書と一書（第二）では、それは「アマテラス（天照大神）」ですが、第一と第三の一書では「日の神」です。一方でスサノヲの名は一貫していて変化はありません。アマテラスとスサノヲの誓約では物根が交換されてのちに御子生みがなされますが、日の神とスサノヲの誓約では物根交換はなく、それぞれの神が自分の剣と玉を口にして御子を顕現させています。

さらに、スサノヲの潔白を証明するための誓約とその条件を、アマテラスは自分から提案することはありませんが、日の神は自分から提案しています。

すなわち、「誓約」という儀式の主導権はアマテラスとスサノヲの場合、スサノヲが握っているようですが、日の神とスサノヲの場合には日の神が握っているごとく語られているのです。後者では日の神の権威はいっそう高く描かれているといえます。なお、この二通りの話の型が前後して記されているのは、アマテラスは日の神（太陽神）であり、太陽の神こそがアマテラスである、ということを語るためと考えられます。

けれどもここには一貫した共通点もあります。それはアマテラス・日の神とスサノヲが生み出す神々と、その筋立てです。

いずれの場合も、誓約（うけい）の前にあらかじめ「男を誕生させたら潔白（けっぱく）」という条件を提示して、その後、スサノヲが男神を誕生させています。「道理のきかない者」（第四段本書）と父母神に言われたスサノヲですが、この誓約（うけい）でその潔白が証明されました。すなわち、五男神と三女神は、アマテラス・日の神と心の潔白なスサノヲとの間の儀式によって生まれたことになります。

そして、ここで誕生した男神はアマテラスの御子（みこ）とされ、アマテラスの直系の子孫として語られていきます。この点こそ、次の段および天孫降臨（てんそんこうりん）の段に引き継がれる重要な要素となるのです。

第七段

天の石窟（いわや）

アマテラスの石窟（いわや）こもり

こののち、素戔嗚尊（すさのをのみこと）の行（おこな）いはまことに乱暴なものであった。それは、次のようである。

天照大神（あまてらすおおみかみ）は天狭田（あまのさだ）・長田（ながた）をご自分の田となさっていた。その田で、素戔嗚尊（すさのをのみこと）は、春には重播種子（しきまき）をしたり、畦（あぜ）を壊したりし、秋になれば天（あま）の斑駒（ふちこま）を田に放って寝転がせたりした。さらに、天照大神（あまてらすおおみかみ）が新嘗（にいなえ）を召し上がるときをねらって、その神殿にひそかに大便をした。

また、天照大神（あまてらすおおみかみ）が神聖な機織り殿（はたおりどの）で神の衣（ころも）を織っていらっしゃるとこ

❖重播種子　一度まいた種の上に重ねて種をまくこと。農耕妨害の行為。
❖天の斑駒　天上の斑毛の馬。馬を田に放って寝転がせるのは、農耕の収獲を妨害する行為。

ろをうかがって、皮を剥いだ天の斑駒を、その屋根に穴を開けて投げ込んだ。
天照大神は驚きのあまり、機織りの梭❖で御身を傷つけられた。
このため、たいへんお怒りになって、天の石窟に入り、その岩戸を閉ざしてこもってしまわれた。すると、天地のすべてが暗闇となり、昼夜の区別もつかなくなってしまった。

アマテラス大神が田と機織り殿をもち、農耕と機織りをおこなっていたというのが面白いところです。高天原の最高神とはいえ、農耕や機織りに勤しみ、特に機織りはご自身で衣を織っていると記されています。天を統御する神が自ら働くというのは興味深いですね。なお、「天狭田・長田」は、字義からすると、「天の狭い田・長い田」という意味ですが、ここでは大小さまざまの田、というほどの言葉かもしれません。

スサノヲは、そういったアマテラスの農耕を春、秋にわたって妨害したばかりではなく、新嘗の神殿をも大便で汚します。新嘗とは、元来、その年の収穫である新穀を

❖ 梭　機織で縦糸の間に横糸を通すために滑らせていく棒。これを手にしていたことから、アマテラス大神ご自身が機織りをされていたことがわかる。

神に供える儀式で、ここではアマテラス大神ご自身が召し上がるとされます。このスサノヲの行為は、『延喜式（えんぎしき）』の「大祓（おおはらえ）の祝詞（のりと）」に「天（あま）つ罪（つみ）」として「頻蒔（しきま）き」「畔放（あはな）ち」「屎戸（くそへ）」と記される農耕に対する罪であり、スサノヲは最初に天つ罪を犯した神でもあることが語られています。

しかし、これらのスサノヲの行為に対してアマテラスは何もしません。さらにスサノヲは、アマテラスが神の衣（ころも）を織っていた神聖な機織りの御殿（ごてん）へ、こともあろうに皮を剥（は）いで血だらけになった馬を、屋根を壊して投げ込みました。建物は壊れ、織物は、馬の血で汚れたことでしょう。そしてアマテラスご自身の身も傷ついてしまいます。ここに至ってついにアマテラスはお怒りになります。けれどもスサノヲを咎（とが）めるのではなく、ご自分が石窟（いわや）にこもってしまうのです。

アマテラスが石窟に隠れると天地が暗闇となる、という顛末（てんまつ）は、アマテラスが天上に君臨する太陽神であり、天も地もその恩恵をこうむっている証（あかし）でもあります。ここでは、スサノヲという、本来根の国に所属すべき神が天上世界に来て活動したために、世界の秩序は乱れ、暗闇がもたらされたことが、そしてアマテラスが光の源である太陽神であることが、あらためて語られています。

八十万の神々の会議

ここに、八十万の神々は、天の安河原に集まり、どう祈るべきかを話し合い、思兼神が深く考え、次のように計画した。

まず常世の長鳴鳥（鶏）を集めていっせいに長鳴きさせた。また、手力雄神を扉の脇に立たせ、中臣連の祖先、天児屋命と、忌部の祖先、太玉命が、天の香山の大きく立派な榊を根こそぎ掘り取って、上の枝には八坂瓊の五百箇御統（大きな宝玉をたくさん連ねた玉飾り）をかけ、中の枝には八咫の鏡〔一説には、真経津の鏡という〕をかけ、下の枝には青和幣、白和幣（麻と楮で作った幣）をつけて共にご祈祷を申し上げた。

そして、猨女君の祖先、天鈿女命が、手に茅を巻きつけた矛を持ち、天の石窟戸の前に立って巧みに踊りや芸を演じ、また、髪には天の香山の榊を飾り、長い蔓草を襷にし、篝火を焚き、桶を伏せて音を踏み轟かし、神がかりして神のお告げをあらわした。

- 手力雄神　腕力の強い神。
- 中臣連　朝廷の祭祀を担当した氏族。
- 忌部　朝廷の祭祀の物資貢納を担当した氏族。
- 猨女君　朝廷の鎮魂祭に楽舞を奉仕する女性たちを朝廷に献上する氏族。

ここでは、アマテラスの石窟（いわや）こもりについて神々が会議をして対策を決めています。天上の神々の意思決定は合議制によっておこなわれます。長鳴鳥（ながなきどり）は鶏（にわとり）のことで、夜明けに鳴き声をあげる習性から世界各地で太陽を呼ぶ鳥と考えられています。

神々の、アマテラスを石窟（いわや）から招き出す仕掛けは以下のようです。鶏（にわとり）をまず鳴かせ、腕力のある手力雄神（たちからをのかみ）を扉の脇に隠しておく。それから大きな榊（さかき）の樹の上の枝に玉飾り、中ほどの枝に大きな鏡、下の枝に幣（ぬさ）を掛けたものを準備して、祈りを捧げる。そして、天鈿女命（あまのうずめのみこと）（以下、アマノウズメ）が伏せた桶の上で音を立てて歌舞します。鶏（にわとり）、鏡、大きな音などは、いずれも太陽神の信仰に関わるものです。

アマテラスの復活

天照大神（あまてらすおおみかみ）はこれをお聞きになると、「このところ私は石窟（いわや）に籠（こも）っており、この豊葦原中国（とよあしはらのなかつくに）はまさに長い夜が続いている。それなのに、なぜ天鈿女命（あまのうずめのみこと）はそのように笑い喜んでいるのか」とおおせられた。そして、その御手で岩戸を細く開けて外を覗かれた。そこへすばやく手力雄神が天照大神の御手をお取りすると、引いて外にお出しした。

このときすかさず、中臣の神と忌部の神がしめ縄を岩戸の前に張りめぐらして、「もうこの中にはお戻りにならないでください」とお願い申し上げた。

そののち、神々は罪を素戔嗚尊のものとして、多くの品を罰として取り立てた。また髪の毛を抜いて罪を贖わせた。または、手足の爪を抜いて贖わせたともいう。こうして、素戔嗚尊はとうとう天から追放された。

こうしてアマテラスは籠っていた石窟からお出ましになりました。このように太陽神が一度隠れて復活するストーリーは世界的に分布しており、日蝕を神話として語るものであるとも、太陽としての力が弱くなった冬至の太陽を再生復活させる儀式の反映であるともいわれています。ここでも、太陽の女神であるアマテラスは復活を果たし、高天原（たかまのはら）の秩序も取り戻されました。そして、混乱の元となったスサノヲは罰を科されて追放されます。

　興味深いのは、この石窟（いわや）こもりの前と後とでスサノヲへの対応が変わることです。アマテラスが石窟にこもる前、スサノヲのさまざまな乱暴な行動に対してアマテラスは何もしません。また、天の八十万（やそよろず）の神々も同様です。けれども、アマテラスご自身が傷つき石窟に入って天地が暗黒となり、その後八十万（やそよろず）の神々の合議を経ての対策が功を奏してアマテラスが外にお出になると、たちまちスサノヲは追放されます。

　アマテラスが至上の神であるならば、そもそもスサノヲが天（あま）つ罪（つみ）を犯すやいなや、あるいは犯す前にスサノヲを阻止してもよいようにも思われます。けれども、ここではスサノヲの天つ罪は犯され、傷ついたアマテラスは石窟にこもって復活再生し、スサノヲを追放するのです。

　ここでは、罪が初めからない世界にアマテラスが臨むのではなく、その罪を乗り越えて天（あま）の石窟（いわや）から再びあらわれたときにこそアマテラスの真の強さが発揮され、天上に真の秩序が生まれると語られているように読めます。それはちょうどアマテラスが、はじめから穢（けが）れのない世界に生まれるのではなく、穢れを浄めたところに生誕したという第五段の展開とも似ています。また、アマテラスの天の石窟からの再生が天上の多くの神々の援助によるものであったことも興味深いですね。

別伝3編

1

一書（第一）にいう。こののち、✣稚日女尊は神聖な機織り殿で神の衣を織っていらした。素戔嗚尊はそれを見ると、斑駒の皮を逆剥ぎに剥いで機織り殿の中に投げ入れた。稚日女尊は驚きのあまり機から落ち、手にもった梭で身を突いて死んでしまわれた。このため天照大神は素戔嗚尊に「そなたには、いまだ汚い心があった。もうそなたとは会わぬ」とおおせられ、天の石窟に入り、岩戸を閉ざしてしまわれた。すると、天下は常闇となり昼夜の区別さえつかなくなった。

そこで八十万の神々は天の小高い広場に集い、対策が問われた。おりしも高皇産霊の御子で思兼神という神がおり、深い知恵と思慮をもっていた。思兼神は考えて申し上げた、「天照大神のお姿をつくって、お招き申し上げましょう」。そこで、石凝姥を鍛冶として、天の香山の金属を採集して日矛をつくらせ、また、鹿の皮を丸はぎにしてふいごをつくらせた。これを使っておつくり申し上げた神は、紀伊国においでになる日前神である。

✣ 稚日女　大日女（おおひるめ）に対する稚日女。「大」と「稚（若）」の対は、年長・年少の対をあらわす。したがって「若い太陽女神」の意。大日女尊（アマテラス）の分身、もしくは妹とも。

ここでは、スサノヲの行為によって傷つくのはアマテラスではなくワカヒルメ（稚日女尊）で、そのためアマテラスが石窟にこもることとなります。

ここにいう「紀伊国においでになる日前神」は、現在、和歌山市にある日前神宮のご神体、日像鏡（日前大神）といわれます。日前神宮は国懸神宮と同一境内にあり、両宮とも日の神をお祭りしており、ここでは日前神宮の由来が語られています。日前神宮のご神体は鏡ですから、ここで「アマテラスのお姿」というものは鏡を指しています。太陽神の祭儀において、日光を反射させる鏡を使用したことがわかります。

一書（第二）にいう。日の神の尊は、垣で囲んだ田を御田となさっていた。その田で素戔嗚尊は、春には灌漑用の溝を埋め、畦を壊し、秋の穀物が実ったときには畦に綱を引き渡して、収穫を妨害した。日の神が機織り殿にいらっしゃるときには、生きたまま皮を剥いだ斑駒をその御殿に放り込んだ。こういった所業は、すべて道理もないひどい悪行であった。しかし日の神は、弟君への睦まじいお気持から、咎めもせず、恨みもせずに穏やかなお心で赦された。

ところが素戔嗚尊は、日の神が新穀を召し上がるときに、新嘗の神殿の、日の神の御座の下にひそかに大便をしておいた。日の神はご存じなくその御座にお座りになったため、お身体の具合がすっかり悪くなられた。そこでついにお怒りになり、天の石窟に入られ岩戸を閉ざしてしまわれた。

3

解説▼

諸々の神々は心配して、鏡づくりの祖先、天糠戸には鏡をつくらせ、忌部の祖先、太玉には幣をつくらせ、玉作部の祖先、豊玉には玉をつくらせた。また、❖山雷に、立派な榊の木の実り豊かな枝を採らせ、❖野槌には、多くの枝葉をもつ篠竹の枝を採らせた。これらのものがすべて集まると、中臣の祖先である天児屋命が神を寿ぐ言葉を唱えた。こうして、日の神は岩戸を開けてお出ましになった。このとき、つくった鏡を石窟に入れたので、岩戸に触れて鏡に小さな瑕がついてしまった。その瑕は今もなお残っている。この鏡こそ、伊勢にお祭り申し上げる大神である。

　このようなしだいで、神々は素戔嗚尊に罪過を科して、その祓えの品を取り立てた。手足の❖爪を吉凶の祓えの物とし、唾、涎を白幣、青幣として祓えを完了した。そして、神を放逐する理によって素戔嗚尊を追放した。

　この一書では、天の主宰神は「日の神」で、スサノヲが新嘗の神殿を汚したために身体の不調をきたして石窟にこもられます。なお、ここでは、鏡についた瑕をきっかけとして、伊勢神宮内宮に祭られてある鏡が、アマテラスを天の石窟から招き出した鏡とまさに同一のものであることを述べています。神語りに語られる鏡が現実に存在する鏡であることを語ることによって、神々の「時」は現実と直結します。

　一書(第三)にいう。このあとのことである。日の神には三つの田があった。その名は、天安田(実りの安定する田)・天平田(平らかな田)・天邑并田(村に近い田)という。いずれも

❖山雷　山の神。　❖野槌　野の神。
❖爪、唾や涎　爪や唾や涎をその人の分身とする考え方は世界的に分布する。

良い田であり、長雨や干ばつに遭っても損害はなかった。素戔嗚尊にも三つの田があった。その名は、天樴田（杭や切り株のある田）・天川依田（川のそばの田）・天口鋭田（実りが傷む田）という。いずれも痩せた土地であり、雨が降ればすぐ流れ、日照りになればたちまち実りは干からびてしまった。素戔嗚尊は妬んで姉の田を害した。春には、田の水路を壊し、田の溝を埋め、畦を崩し、すでに蒔いた種の上に種を重ねて蒔いた。秋には、田に杭を挿して土地を奪おうとしたり、馬を田に寝転がせたりした。こうした悪い行為は、止まることがなかった。けれども日の神は咎めず、いつも平らかなお心で赦された。云々（以下略）

日の神が天の石窟にこもられるにいたって、神々は、中臣連の祖先、興台産霊の子、天児屋命を派遣して祈らせることとした。そこで、天児屋命は、天香山の榊を掘り取って、上の枝には、鏡作の祖先、天抜戸の子、石凝戸辺がつくった八咫鏡を懸け、中の枝には、玉作の祖先、伊奘諾尊の子、天明玉がつくった八坂瓊の曲玉を懸け、下の枝には、粟の国の忌部の祖先、天日鷲がつくった木綿を幣として懸けた。

そして忌部首の祖先、太玉命にこれを持たせて、丁寧な称辞（祝詞）を祈り述べさせた。日の神はこれをお聞きになり、「このところ、多くの者がいろいろと申し述べたが、このように麗しい言葉はなかった」とおおせになり、細く岩戸を開けてのぞかれた。このとき、岩戸の側にひかえていた天手力雄神がすかさず戸を引き開けると、日の神の光は天地に満ちあふれた。ここに神々はたいへん喜んだ。

そして、すぐさま素戔嗚尊に多くの祓えの品を科して、その手足の爪を吉凶の祓い物とし、天児屋命には祓えの祝詞を唱えさせた。今、世の人が身を慎しんで自分の爪を収めるのは、これがその由縁となっているのである。こうして、神々は素戔嗚尊を責めて「そなたの行状はたいへん無頼である。だからもう天上に住んではならぬ。また葦原中国（地上）にもいてはならぬ。すみやかに底なる根の国へ去れ」と言い、皆で追放した。

　おりしも長雨が降っていた。素戔嗚尊は青草を結って笠や蓑として、宿を多くの神々に乞うた。しかし神々は、「あなたは、行状が悪く汚らわしいので追放されて責められた身ではないか。なぜ我々に宿を乞うのか」と言って皆断った。それで、風や雨がひどく吹き降っても、留まり休むことができずに苦しみつつ降っていった。これ以来、世の人々は、蓑や笠を身につけたまま他人の屋内に入ることを忌み憚り、また草の束を背負って他人の家の中に入ることも忌むようになった。この禁忌を犯す者には、必ず祓えの物を科す。これはたいへん古くから残る決まり事である。

　こののち、素戔嗚尊は、「神々は私を追放した。私は今永久に去ろうとしている。どうして我が姉と会わないまま、勝手に行かれるだろう」と言って、再び天地を揺るがして天へ昇っていった。これを見た天鈿女が日の神に報告すると、日の神は「わが弟が昇ってくるわけは、良い意図からではない。私の国を奪おうとしているのだろう。私は女であるが、これを避けるわけにはいかぬ」とおおせられ、たちまち武装なさった。云々（以下略）。そこで素戔嗚尊は、誓いをして「もし私がよからぬ心で再び昇ってきたならば、今、玉を噛んで生す子は必ず女でしょう。そうであったら、その女神は地上に降してください。もし私が清い心であれば必ず男を生すでしょう。そうであったら、その男神に天上を治めさせてください。また姉上が生される神々も、この誓いと同じようにしてください」と言った。

素戔嗚尊は、左の髻に纏いた五百箇の統の玉の紐をくるくると解き、玉の触れ合う音もさわやかに天の泉で洗い清めた。そしてその玉の端を噛んで、左の掌に置いて、御子、正哉吾勝勝速日天忍穂根尊を生した。また、右の髻の玉を噛んで、右の掌に置いて、御子、天穂日命を生した。この神は、❖出雲臣・武蔵国造・土師連等の祖先である。次に天津彦根命。この神は、茨城国造・額田部連等の祖先である。次に活目津彦根命。次に熯速日命。次に熊野大角命。合わせて六柱の男神が生まれた。

ここで、素戔嗚尊は日の神に申し上げた。「多くの神々が私を根の国に追放し、今や私は去っていこうとしています。私が天に昇ってきた理由は、もし姉上とお会いしなければ、そのまま離れることになり、それには耐えられなかったからです。それで、本当に清い心で再び昇ってまいり、お目にかかることができました。今は多くの神々の意向のままに、これから永遠に根の国に参ります。どうか姉上は、天地を照らし臨まれ、平安でありますように。私が清き心をもって生した神々を姉上に捧げます」。そして、また降っていった。

ここでは、スサノヲが根の国に追放されたあと、本書や他の一書にない二つのエピ

❖ 出雲臣・土師連・額田部連　いずれも日本書紀成立当時に実在した氏族。

ソードが付加されています。一つは、スサノヲが青草の笠、蓑を身につけて他の神々に宿を乞うが断られる話です。これは、長雨のときの訪問者や、蓑笠を着けた異郷からの訪問者を忌む古来の風習の存在を思わせます。

もう一つは、第六段の誓約（うけい）神話のバリエーションです。追放後のスサノヲが再び天を訪問し、誓いをして自らの玉を噛んで六柱の男神を生んで潔白を証し、この男神六柱を日の神に献上します。ここでは、日の神の御子生みはありません。

世界の神話におけるアマテラスの特殊性

神話学者、吉田敦彦氏は、アマテラスが世界の偉大な女神たちとは異なる特殊な性格をもつ大女神であると指摘しています。まず、神々の世界の最高神でありながら、女神であること。メソポタミア神話のマルドゥク、ギリシア神話のゼウス、北欧神話のオーディンなど、ちょっと考えただけでも神々のパンテオンの最上位には男性の神が多いのですが、アマテラスは女神です。また、これらの最上位の神々はそのほとんどが戦いを勝ち抜いてその地位を獲得したのに反して、アマテラスは戦いません。アマテラスは生まれながらの最高神であって、戦いによってその地位を得たわけではないのです。

また、女神としても特殊です。世界の多くの文化圏における大女神——たとえばギリシャ神話のガイア、ヘラ、アフロディーテ、メソポタミア神話のイシュタルなど、世界の強力な女神たちは、いずれも結婚して（場合によっては何度も結婚して）多くの子孫を残しており、女性としての性をその地位に大いに活かしています。これに対してアマテラスは処女神（しょじょしん）であったと吉田氏は言います。

たしかにそのとおりで、アマテラスは世界においても特殊な女神といえそうです。スサノヲとのウケイを象徴的な婚姻と見る説もありますが、そうだとしてもそれはあくまで象徴的なものであって実際の婚姻と読むことはできません。アマテラスは、高天原（たかまのはら）という神々の領域に最高神として君臨する神でありながら結婚も出産もしない。その点において世界の大女神たちとは異なる女神なのです。

日本国内の他の神々と比べてもアマテラスは特殊な神といえます。アマテラスとイザナキは娘と父の関係になりますが、他の父娘関係とは違っています。他の、たとえばスサノヲとスセリビメ、アシナヅチとクシイナダヒメ、海神（わたつみ）と豊玉姫（とよたまひめ）などの父娘関係では、父は娘を護り、娘の結婚に関与する立場をとりますが、イザナキとアマテラスにそのような関係はありません。イザナキはアマテラスを天上に向かわせて、そこでの支配を命じます。これはむしろ日本古代の文献にあらわれる父と息子の関係に近いのです。

スサノヲとオオアナムチ❖、オシホミミとホノニニギ、景行天皇とヤマトタケルなどの父息子の関係では、父は息子を異領域に派遣して、そこでの使命遂行を命じますが、イザナキとアマテラスも、その関係とよく似ています。

また、アマテラスとスサノヲの姉弟関係はさらに複雑です。上代の文献における姉弟、兄妹の関係では互いに親密であることが多く語られます。垂仁天皇紀のサホビコとサホビメ、仁徳天皇紀の口持臣と国依媛（古事記では、口子臣と口ヒメ）、大伯皇女と大津皇子のように姉妹と兄弟が親密で、かつ姉妹が兄弟をかばうかのような関係です。それに対して、男同士の兄弟では、八十神とオオアナムチ、海幸彦と山幸彦のように拮抗、競争、敵対の関係がほとんどです。

アマテラスはスサノヲに対して、はじめは争う姿勢を見せながら、ウケイに応じて互いに子を生誕させることもあり、実際に争うことはありません。スサノヲのもたら

❖ オオアナムチは123ページ以降に登場。オシホミミとホノニニギは139ページ以降に登場。

した混乱を前に姿を消し、その後、石窟（いわや）からの復活を経てその混乱を収めて天の秩序を再生させます。ここでのアマテラスはスサノヲに対して親密さと拮抗という女性性と男性性を二つながらに持ち合わせているように見えます。スサノヲと直接対峙（たいじ）しているとき、アマテラスが男装しているということもこれと関係するかもしれません。女神が男装するとは、女性でありながら男性でもあるという両義性をあらわしているからです。

　アマテラスが女神であることは、さまざまな点から間違いなく確定されることですが、その神格には、このように女性と男性が同居しているようにも見えます。その意味でアマテラスは特殊な存在であると考えられるのです。

第八段

ヤマタノオロチ

神聖な稲田の姫

こうして素戔嗚尊(すさのをのみこと)は天より降(くだ)り、出雲国(いづものくに)の簸(ひ)の川の河上(かわかみ)に立たれた。おりしも、そこに嘆(なげ)き泣く声が聞こえてきた。声の主(ぬし)を探していくと、老人と老婆(ろうば)が一人の少女を間に置き、その身を撫(な)でながら泣いていたのであった。素戔嗚尊(すさのをのみこと)が、「そなたたちは誰か。なぜそのように泣いているのか」と尋(たず)ねたところ、その老人は答えて「私どもは国(くに)つ神(かみ)でございます。私の名は脚摩乳(あしなづち)、妻は手摩乳(てなづち)と申します。この娘は私どもの子で、奇稲田(くしいなだ)姫(ひめ)と申します。もともと私どもには八人の娘がおりましたが、毎年、八岐大蛇（やまたのおろち）がやって来ては呑（の）まれてしまいました。そして今この子が呑まれようとしています。もはや逃（のが）れるすべがありません。それで嘆（なげ）き悲しんでいるのでございます」と申し上げた。
素戔嗚尊（すさのをのみこと）が「そういうことなら、娘を私にくれないか」と聞くと、老人は「おおせのままに差し上げます」と申し上げた。

この段は、天から追放されたスサノヲが地上に降（お）りてからの話です。スサノヲは、先ず出雲の国に降り立ち、ここで老人夫婦と一人の乙女に出会います。この乙女の「奇稲田姫（くしいなだひめ）」（以下、クシイナダヒメ）という名の「奇（く）し」は「神聖な」という意味です。ですから、この名はまさに「神聖な稲田の姫」という意味になります。すなわち、この姫は、稲田を神格化した女神なのです。姫の父母が脚（あし）と手をあらわす名をもつのも、稲田が人々の手足を使う労働によって耕作されるからともいわれています。その稲田の姫がヤマタノオロチというモノに呑まれようとしている、ということから、このエピソードは始まります。

舞台となった「簸の川」は出雲大川といわれた斐伊川のことで、かつては有名な暴れ川でした。ちなみに、氷川神社のヒカワはこの斐伊川から来ているといわれます。奥出雲から流れてきて、出雲大社のあたりで海に注ぐ、出雲の国を代表する川です。

そこで、素戔嗚尊はたちまち奇稲田姫を神聖な櫛に変化させて自分の髻に挿した。そして、脚摩乳・手摩乳に八醞の酒（何度も醸した強い酒）をつくらせ、八カ所に棚をつくらせ、そこにそれぞれ一つずつ槽（酒を入れる桶）を置かせ、そこに酒をいっぱいに入れさせて待ち受けた。

やがて、ついに大蛇がやって来た。頭と尾は、それぞれ八つあり、その眼はほおずきのように赤かった。背には松や柏が生え、その体は八つの丘・八つの谷にわたるほどの大きさだった。大蛇は酒を見つけると、頭をそれぞれの槽に入れて飲み、酔って眠り込んだ。すかさず、素戔嗚尊は身に佩びた十握剣を抜いて、八岐大蛇の体をずたずたに斬り刻んでしまわれた。

草薙の剣の出現

大蛇の尾を斬ったとき、剣の刃が少し欠けた。そこで、その尾を裂いてみると、中に一振りの剣があった。これがいわゆる草薙の剣である。

〔一書には、この剣のもとの名は天叢雲の剣という。大蛇の上には常に雲気があるから、そのように名づけられたものか。日本武の皇子の時に至って、名を改めて草薙の剣とした、という〕

素戔嗚尊は「これはまさに神剣である。どうして私の物とできようか」と言い、すぐさま天神に献上された。

大蛇の尾の中に「剣」があって、スサノヲの剣はそれに当たって欠けました。ということは、尾の中の剣とスサノヲの剣では材質が違っていて、スサノヲの剣のほうが弱かったのでしょう。古代の剣には青銅製と鉄製があり、鉄は青銅よりも硬く強度がありました。ですから、ここのエピソードでは、スサノヲの剣は青銅製で、八岐大蛇

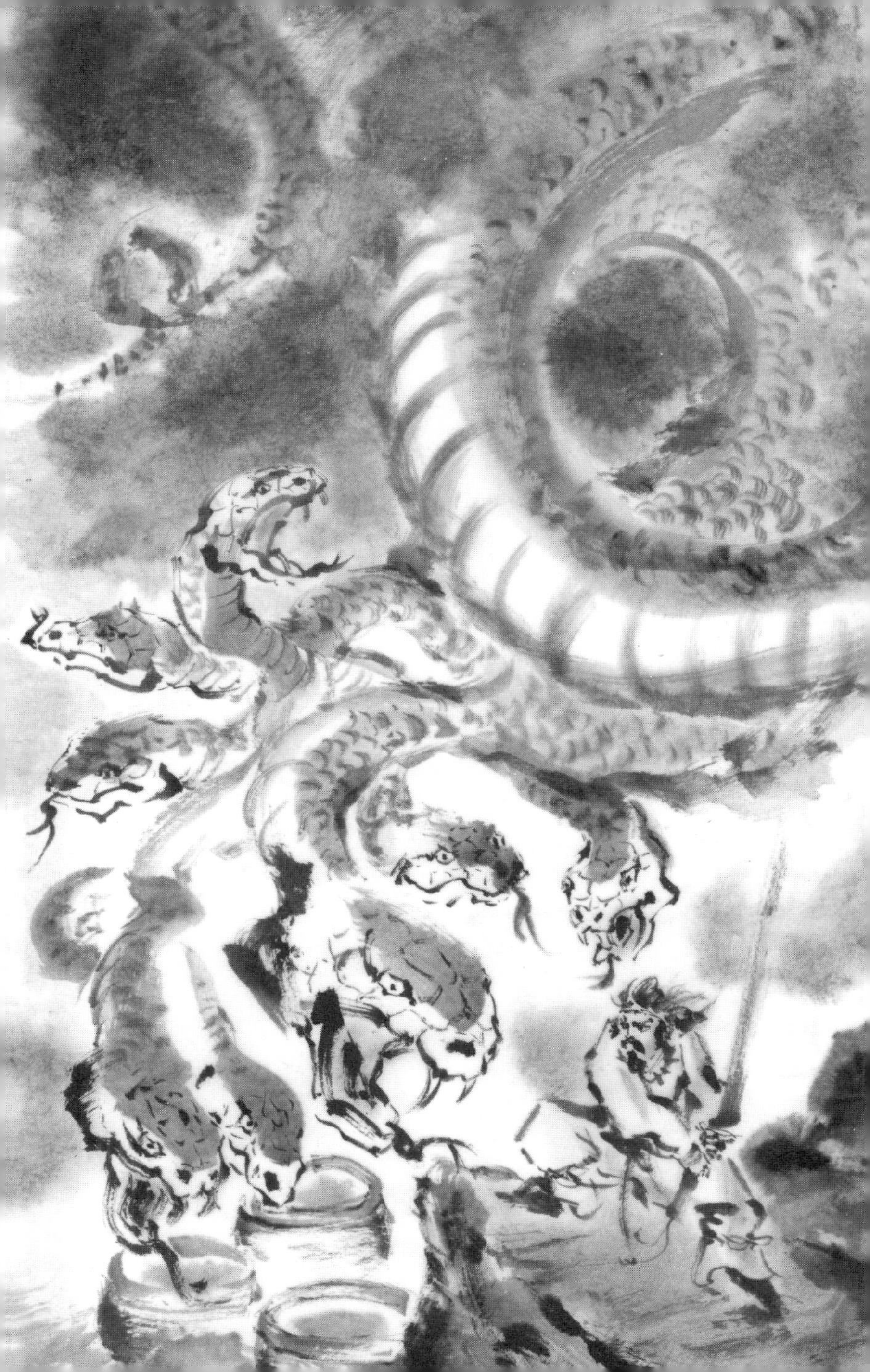

の尾に入っていた剣は鉄剣だったと考えられます。

こうしたことがあってのち、素戔嗚尊は、結婚のための土地を探しに行かれた。そしてとうとう出雲国の清地に至った。ここで、素戔嗚尊は「私の心は清々しくなった」とおっしゃった。〔これが今もこの土地を清と呼ぶ由縁である〕。そして、そこに宮を建てられた。〔ある伝えでは、このとき、武素戔嗚尊は、「や雲たつ　出雲八重垣　妻ごめに　八重垣つくる　その八重垣ゑ❖（豊かな雲の湧き立つ出雲の八重垣　私はここに妻をこもらせる八重垣をつくる　その八重垣よ）」という歌を歌われた、という〕

その地で、素戔嗚尊と奇稲田姫は結婚され、大己貴神をお生みになった。素戔嗚尊は、「我が子の宮の司は、脚摩乳・手摩乳である」とおっしゃって、この二神に稲田宮主神という名を授けた。こののち、素戔嗚尊はついに根の国においでになった。

❖ゑ　ワ行のエ段（ヱ）。ここでは詠嘆をあらわす助詞。

とは言い切れません。むしろ日本語をよく知っている当時の朝廷に仕えていた官人層や、朝廷が日本の歴史や言葉を伝えたかった渡来系氏族層を読者として想定していた可能性も考えられるのです。

◆ヤマタノオロチの正体

ヤマタノオロチとは何かについては諸説ありますが、よくいわれるのが、暴（あば）れ川である斐伊川（ひいかわ）そのものを体現した神だという説です。

クシイナダヒメの姉妹が一人ずつ食べられていったのは、毎年起こる水害によって稲田が壊されることを象徴しています。

そして、これを救うスサノヲは、稲作を水害から救う英雄です。天上世界では姉神アマテラスの田を破壊したスサノヲですが、ここでは農耕を救う神として登場しています。これをスサノヲの成長とみる説があります。また、スサノヲの属性を大地に所属するものとすれば、天ではなく大地にあってこそスサノヲは、大地を豊かに保つ神としての本領を発揮できたとも考えられます。

ヤマタノオロチの尾から鉄剣が出てくるという話も重要です。斐伊川の上流は昔から産鉄で有名なところで、この川では砂鉄が採れました。この地域は、鉄を産出することができた地域なのです。斐伊川の上流はいくつも枝分かれしていますから、そこから八頭八尾のヤマタノオロチのイメージが生まれたのかもしれません。古くから暴れ川だったこの川と農耕民との戦いの歴史に、治水工事の技術を知っている英雄がやって来て農耕民を救ったエピソードともいえるでしょう。

なお、このヤマタノオロチの神話は、神話学では「ペルセウス・アンドロメダ型」の一つとして名高い神話でもあります。「ペルセウス・アンドロメダ型」とは、ギリシャ神話の英雄ペルセウスが海の怪物の生贄にされるエティオピアの王女アンドロメダを救って彼女と結ばれた神話から名づけられたもので、怪物と、その生贄とされる乙女と、それを救って乙女と結ばれる英雄によって構成される話型を指します。ヤマタノオロチ神話は、まさにこれに合致します。

「ペルセウス・アンドロメダ型」神話はユーラシア大陸に広く分布しており、さらにヤマタノオロチのような多頭竜蛇の説話もユーラシアからヨーロッパにかけて分布状況をもつと報告されています。日本の『日本書紀』『古事記』に伝えられるヤマタノオロチの話は日本古代の神話ではありますが、そういった世界的な神話・説話の広がりの一部に属してもいるのです。

別伝 6編

1

一書（第一）にいう。素戔嗚尊は、天から出雲の簸の川上に降られた。そこで稲田宮主簀狭之八箇耳の娘、稲田媛とお会いになり、結婚なさって生まれた子を清之湯山主三名狭漏彦八嶋篠と名付けた。一説には、清之繋名坂軽彦八嶋手命という。また、清之湯山主三名狭漏彦八嶋野という。この神の五世の孫が大国主神である。

解説▼

この一書では、スサノヲと稲田のヒメとの結婚とその子孫が記されます。特に重要な子孫が大国主神だとよくわかります。ここにはヤマタノオロチの神話はありません。

2

一書（第二）にいう。このとき、素戔嗚尊は安芸国の可愛の川上に降りてゆかれた。そこに神があった。名を脚摩手摩といい、妻の名を稲田宮主簀狭之八箇耳といった。この神はこのときまさに子を孕んでいた。夫婦神はともに悲しんで、素戔嗚尊に申し上げた。「私どもが生んだ子はたくさんおりましたが、生むたびにたちまち八岐大蛇がやって来て呑んでしまい、一人として命存えた子はございません。私は今、また子を生もうとしております。この子もまた呑まれることを思えば恐ろしく、それで悲しみ苦しんでおります」。

素戔嗚尊は教えて「多くの果実で酒を醸して八つの甕に満たせ。私がそなたたちのために蛇を殺そう」とおっしゃった。そこで二柱の神はその教えのままに酒を用意した。子を生むときになると、はたしてその大蛇が戸口にやって来て子を呑もうとした。

素戔嗚尊は、大蛇に対して「そなたは畏れ多い神である。もてなさずにはすまされぬ」とおおせられ、八つの甕の酒を大蛇のそれぞれの口に注いだ。蛇が酒を飲んで眠ってしまうと、素戔嗚尊は剣を抜いてこれを斬った。尾を斬るにおよんで剣の刃が少し欠けた。そこを割いてご覧になると、尾の中には一振りの剣があった。スサノヲは、これを草薙の剣と名付けた。今、尾張国の吾湯市村で熱田の祝部（神職）がお祭りする神が、まさにこれである。この蛇を斬った剣を名づけて、蛇之麁正という。この剣は今、石上にある。

こののち、稲田宮主簀狭之八箇耳が生んだ子、真髪触奇稲田媛を出雲国の簸の川上に遷して養育なさった。そしてのちに、素戔嗚尊はこの媛を妃として娶られた。こうして生まれた子の六世の孫を大己貴命とお呼びするのである。

解説▼

このエピソードでは、スサノヲの出会う夫婦の妻は妊娠していて娘はこれから生まれることになっています。

これまでも生むたびにたちまちヤマタノオロチによって呑まれてきた、ということは、この土地でまだ稲作が成功していないことを語るようで興味深い展開となっています。

解説▼　3

また、スサノヲが教える酒づくりは、果実でつくる果実酒です。稲田の女神はまだ生まれていませんから、米はまだなくて、果実で酒をつくるのです。この辻褄の合わせ方などは本当に面白いですね。

ここでも、スサノヲとクシイナダヒメの子孫としてオオアナムチが語られます。

一書（第三）にいう。素戔嗚尊は、奇稲田媛を妻にしたいと願われた。脚摩乳・手摩乳は、これにお答えして「まずあの大蛇を殺し、その後に妻としてお召しください。あの大蛇はそれぞれの頭に岩松があり、両脇には山が聳えていて、たいへん恐ろしいものです。いったいどのように殺されますか」と申し上げた。素戔嗚尊は考えて、毒の酒を醸して飲ませたところ大蛇は酔って眠ってしまった。素戔嗚尊は蛇韓鋤の剣で、大蛇の頭を斬り、腹を斬った。そしてその尾を斬ったとき、剣の刃が少し欠けた。そこで尾を裂いてみたところ、中に一振りの剣があった。これを草薙の剣と名づけた。この剣は、かつて素戔嗚尊の手元にあったが、今は尾張国にある。また、素戔嗚尊が蛇を斬った剣は今、吉備の神部のところにある。出雲の簸の川上の山がこれである。

最後の「出雲の簸の川上の……」以下の一文は、それまでの文章と内容がつながりません。この一文は、スサノヲがヤマタノオロチを斬った土地を説明しているともいわれます。

一書（第四）にいう。素戔嗚尊の行状は道をはずれていた。そこで、神々は多くの祓えの品を科して追放した。素戔嗚尊は、子の五十猛神を連れて新羅国に降り、曾尸茂梨という土地にいらしたが、すぐさま「私はこの国に住みたくない」と言上げされた。そしてついに赤土で船をつくり、それに乗って東に渡って出雲国の簸の川上にある鳥上の峯に到着された。

おりしも、そこには人を呑む大蛇がいた。素戔嗚尊は、たちまち天蠅斫の剣でその大蛇を斬った。そしてその尾を斬ったとき、剣の刃が欠けた。割いてみると、尾の中には一振りの神剣があった。素戔嗚尊は「これは、私の物としてはならぬ」とおっしゃって、五世の孫、天之葺根神を遣わして、天に献上された。これが今、草薙の剣といわれる剣である。

はじめに五十猛命が天降るとき、樹木の種をたくさん持って降られた。けれど韓地（朝鮮半島）には植えずにすべて持ち帰り、筑紫から始めて、そのことごとくを大八洲国の中に蒔き殖やして、すべての土地を青山となさった。かくして、五十猛神を有功（功績）の神と称えるのだ。この神が紀伊国に鎮座なさる大神である。

この五十猛命はここと次の一書だけにしか出てきませんが、天上世界から樹木の種をたくさん持ってきます。日本列島は「緑の列島」といわれるほど水が豊かで緑の樹々の多い国です。これは、その豊かな樹木を説明する神話です。イタケルが鎮座したという紀伊の国は、もともと「木の国」と記される樹木豊かな国でしたから、木々の種を地上

解説▼

5

にもたらしたというイタケルにふさわしい土地ですね。

また、ここでは新羅国という朝鮮半島の国名が登場します。地理としての日本と朝鮮半島を視野に入れた記述といえます。

一書（第五）にいう。素戔嗚尊は、「韓郷の嶋❖には金銀がある。もしも私の子孫が治める国に舟がないのなら、それは良くない」とおおせられ、ひげを抜いてそれをまき散らされた。するとたちまち杉になった。また、胸の毛を抜いてまき散らされると、これは檜になった。尻の毛は柀になった。眉の毛は櫲樟になった。そして、それぞれの木の用途を決め、「杉および櫲樟の二種の樹木は舟とせよ。檜は尊い宮の材とせよ。柀は人々の墓所の棺の材とせよ。また、人々の食用となる実をつける何種類もの木種は、みな十分に蒔き、育つようにした」とおおせられた。この素戔嗚尊の子を、五十猛命、大屋津姫命、枛津姫命と申し上げる。この三柱の神もみな木種を充分に広く蒔かれた。そこで、この神々は紀伊国にお渡しした。こうしてこののち、素戔嗚尊は熊成峯においでになり、最後には根の国にお入りになった。

ここでは、スサノヲとその三柱の御子神が樹木の神として語られます。特に御子神は、紀伊国に関わりの深い神として描かれています。また、それぞれの木材の用途を的確に記している点でも注目される神話です。

❖韓郷の嶋　朝鮮半島のこと。

一書（第六）にいう。大国主神は、またの名を大物主神、または国作大己貴命といい、また葦原醜男といい、また八千戈神といい、また大国玉神といい、または顕国玉神という。その子は、すべて合わせて百八十一神である。

さて、大己貴命は、❖少彦名命と力を合わせ心を一つにして、天の下をつくられた。また、世の人々と家畜のために、病いを治療する方法を定めた。また、鳥獣、昆虫の災いを除くために、まじないの方法を定めた。こうして人々は今に至るまで、皆その恩恵を受けているのである。

かつて大己貴命が少彦名命に語りかけた「私たちがつくった国は、はたしてよくできたと言えるだろうか」と。少彦名命は「できたところもあり、できていないところもある」と答えた。この問答には深遠な意味があろう。その後、少彦名命は去って熊野の岬に至り、ついに常世国に向かわれた。

またこうもいう。淡の嶋に行き、粟の茎に登ったところ、弾かれて常世国に渡られたのだ、と。

こののち、国内のまだできていない所を大己貴命はお一人で巡ってつくられた。ついに出雲国に到着して、「この葦原中国は、もと広く荒れた地であった。岩や石、草木にいたるまで、ことごとく強く乱暴であった。けれども私はすべてをおし伏せて、みな穏やかに従うようにした」と宣言された。そして、「今この国を治める者は、ただ私一人である。私とともにこの天の下を治めるべき神はいるだろうか」とおっしゃった。すると、

❖ 少彦名命　小人神として描かれている。スクナビコナは、小人神であること、また粟の茎に弾かれて常世の国に渡ったことなどから、穀霊（穀物の神）と考えられる。

神々しい光が海を照らし、忽然として浮かびくる神があった。この神は言った、「もし私がいなければ、あなたはどうしてこの国を平定できただろうか。私があってこそ、あなたは国をつくるという大きな功績を得ることができたのだ」と。大己貴神が「そうであれば、あなたは誰なのか」と問われたところ、その神は、「私はあなたの❖幸魂、奇魂である」と答えられた。

大己貴神が「まさにそうだ。すぐにわかった。あなたは私の幸魂、奇魂である。今どこに住みたいと思われるか」とおっしゃると、「私は日本国の三諸山に住もうと思う」と言われた。そこで神の宮をその山に造営し、そこに鎮座なさるようにした。これが大三輪の神である。

この神の子孫は、甘茂君たち・大三輪君たち、そして姫蹈鞴五十鈴姫命である。

また、こうもいう。事代主神が八尋熊鰐に変化して、三嶋の溝樴姫〔ある伝えでは、玉櫛姫〕に通われた。そうして、姫蹈鞴五十鈴姫命をお生みになった。この姫が神日本磐余彦火火出見天皇（神武天皇）の后となられた。

はじめに大己貴神が国を平定されたとき、出雲国の五十狭狭の小浜にたどり着いて食事をとろうとなさった。このとき突如として海上で人の声がした。そこで、驚いて探したが、何も見つからなかった。しばらくすると、小さい男神が一人、ガガイモの皮を舟にし、鷦鷯の羽を衣にして、潮の流れに乗ってやって来た。大己貴神が掌の上に置いてもてあそんだところ、その神は跳び上がって大己貴神の頬に噛みついた。大己貴神は、

❖ 幸魂、奇魂　幸魂は、身を守り幸とする魂、奇魂は、神聖な徳で事を達成させる魂といわれ、ここでは両者とも大己貴神の分身として語られている。

この神の様子を不思議に思われて、使いを遣わして天つ神に申し上げた。すると、高皇産霊尊がこれをお聞きになり、「私が生んだ子は合わせて千五百柱余りの神であるが、その中の一柱の子がたいへん悪い子で、私の教えにも従わなかった。私の指の間から漏れ堕ちていった神はきっとその子であろう。優しく養育せよ」とおおせられた。これこそが少彦名命である。

一書（第六）では、スサノヲの子孫である大国主神（オオアナムチ）の神話が詳しく語られます。大国主神には多くの名があること、少彦名命（以下、スクナビコナ）と協力して国づくりをしたこと、自分の幸魂、奇魂を大三輪の神として祭ることなどが記されています。また、この大三輪の神の御子には第一代神武天皇の后となるヒメがいること、小人神であるスクナビコナの出現とその素性についての神話も描かれます。スクナビコナは、小人神であること、粟の茎に弾かれて常世の国に渡ったことなどから穀霊（穀物の神）と考えられます。ヤマタノオロチを退治して稲作をおこなえるようにしたスサノヲの子孫、オオアナムチが、穀霊であるスクナビコナと協力してつくった国とは、稲作農耕をその中心とした農耕の国であったはずです。一書（第六）では、農耕の国としての基盤がつくられたことが語られているのです。

なお、スクナビコナが舟としたガガイモは、芋ではなく日本に広く分布する蔓性の植物で、その十センチほどの実を二つに割ると小舟の形になります。またスクナビコナが、その羽根を衣としたミソサザイはスズメより小さな小鳥です。このような記述からも、スクナビコナの大きさがわかりますね。

◆草薙の剣が象徴するもの

第八段の本書および一書の第二、第三、第四では、スサノヲのヤマタノオロチ退治の神話が語られています。ヤマタノオロチは、登場する四つの話のうち一書（第四）を除く三つのバリエーションで、稲田の女神であるクシイナダヒメを呑み込む怪物として描かれており、これを退治してクシイナダヒメを守るスサノヲは農耕の守護神と考えられます。

また、オロチから剣が出現し、それを「草薙の剣」と呼んだというエピソードは、ヤマタノオロチ神話のすべてのバリエーションで記されています。ですから、ヤマタノオロチの神話は草薙の剣の出現と由来を語るためのものであったともいえるでしょう。この草薙の剣は、前述のように鉄剣と考えられます。これについては、この土地―奥出雲が産鉄の地であったことも暗示されているのです。

この草薙の剣は、地上の農耕の侵害者を倒して得た剣であり、農耕を護る大地の力を象徴する剣と考えられます。この剣は、天に献上され、やがて天孫降臨のとき、天孫ホノニニギの尊の携えてくる品の一つとして再び地上に登場するのです。

◆スサノヲとオオアナムチの神話

この第八段では、地上に降りたスサノヲとその子孫の神話が記されています。スサノヲは、ヤマタノオロチを退治して稲田の女神クシイナダヒメを救いました。これは、稲作農耕の始まりを告げる神話でもあります。また、スサノヲとその御子イタケルはこの日本の国土に豊かな樹木の種を蒔き、樹木の用途を定めました。

そしてスサノヲの子孫オオアナムチ（大国主神）は、穀霊スクナビコナと共に農耕の国としての基盤をつくり、また自分の幸魂、奇魂をやがて都となるヤマトの三輪山の神として鎮座させました。この段の本書と一書群には、この後に語られる天孫降臨と、そして第一代神武天皇の即位とその后までを見通した内容が語られているのです。

神代

下

第九段

天孫降臨

「天孫」ホノニニギの降臨

天照大神の御子、正哉吾勝勝速日天忍穂耳尊は、高皇産霊尊の娘、栲幡千千姫を娶られ、天津彦彦火瓊瓊杵尊を生された。

皇祖、高皇産霊尊は、この御子を特に愛しく思われ、敬ってお育てになった。そして、皇孫である天津彦彦火瓊瓊杵尊を、葦原中国の君主としようと思われた。

しかし、その国には、❖蛍火のように光る神や蠅のように騒ぐ邪神がおり、またそこは、草木がみなものを言うような秩序なき地であった。そこで、高皇産霊尊は多くの神々を呼び集めて「私は、葦原中国の悪いも

❖蛍火　太陽や月の光とは違う異形の光をいう。

のを退け、平定したい。誰を派遣したらよいだろうか。神々よ、知るところを隠さず申せ」と問われた。神々は皆、「❖天穂日命が優れた神でございます。この神を派遣してみましょう」と申し上げた。

この段では、アマテラスの御孫にあたる天津彦彦火瓊瓊杵尊（以下、ホノニニギ）が天から地上に降りてくる、いわゆる「天孫降臨」が語られます。

さて、なぜアマテラスの御子である正哉吾勝勝速日天忍穂耳尊（以下、オシホミミ）が降りず、御孫のホノニニギが降臨されたのでしょうか。

ホノニニギを育てたのは母、栲幡千千姫の父にあたる高皇産霊尊（以下、タカミムスヒ）とされます。ここでは、アマテラスとスサノヲのウケイによって生まれたオシホミミと、高位の天つ神であるタカミムスヒの娘である女神が結婚して生まれた御子、ホノニニギが葦原中国の君主となることが決められます。すなわち、アマテラスという「天」の属性をもつ神とスサノヲとのウケイで生まれた神に、さらに「天」の属性をもつ神の血筋が交わって誕生した神が「天孫」ホノニニギであり、ホノニニギは二

❖天穂日命　アマテラスとスサノヲの誓約で２番目に生まれた、天忍穂耳尊の弟にあたる神で、出雲の国造の祖先神であるとされる。

重に天の属性を備えた御子ということになります。

さらにホノニニギはアマテラスの孫というだけではなく、タカミムスヒの孫として、ゆるぎない「天孫」の地位が保証されているのです。これが、オシホミミでなく、ホノニニギが降臨した主たる理由と考えられます。

なお、この段本書の司令神（天上において指示を出す神）は、アマテラスではなくタカミムスヒです。

帰ってこない使いたち

この多くの神々の言葉にしたがって、高皇産霊尊（たかみむすひのみこと）はただちに天穂日命（あまのほひのみこと）を地上平定のために派遣なさった。けれども、天穂日命（あまのほひのみこと）は❖大己貴神（おおあなむちのかみ）におもねり媚（こ）びて、三年経っても帰還しなかった。そこで、天穂日命（あまのほひのみこと）の子、大背飯三熊之大人（おおそびのみくまのうし）〔またの名は武三熊之大人（たけみくまのうし）〕が派遣された。だが、この神も父神に従い、帰ってこなかった。

❖大己貴神　日本書紀第八段の本書ではスサノヲの子として誕生が語られるのみであるが、一書（第六）で地上をととのえた様子が語られ、この部分で、このとき地上を支配していたことがわかる。

そこで、高皇産霊尊は、再び神々を集めて派遣すべき神を問われた。神々は皆、「❖天国玉の子、天稚彦が勇ましい神です。この神を試してください」と申し上げた。そこで、高皇産霊尊は天稚彦に天鹿児弓と天羽羽矢を授けて派遣なさった。ところが、この神も忠誠ではなかった。葦原中国に到着すると、たちまち❖顕国玉の娘、下照姫を娶って、そこに留まり「私も葦原中国を支配しようと思う」と言って、ついに帰ってこなかった。

天稚彦（以下、アメワカヒコ）の前に派遣された二柱の神はオオアナムチに媚び従って戻って来なかったのですが、アメワカヒコはそのオオアナムチの娘を娶っています。神の娘を娶ることが、その神の持っているさまざまな権能を受け継ぐことになるという話型は日本書紀や古事記の神話には多く出てくるパターンで、古事記における大国主神もスサノヲの娘スセリビメを娶ってスサノヲの権能を継承しています。

ここでもアメワカヒコは葦原中国を治める神の娘を娶って、この国を支配しようと

❖ 天国玉　天上の国の神霊、顕国玉は地上の国土の神霊という意味で、この両者は対の神名。
❖ 顕国玉　大己貴神の別名〔第八段一書〈第六〉〕。

しています。これは、なかなか興味深い展開です。支配神の娘を娶ることで、その支配神の後継者となる、ということは血筋の流れの結節点に「娘」が存在することを意味しており、ここに、古い時代の女性の重要性の一端がほの見えているからです。

返し矢で命を落としたアメワカヒコ

さて高皇産霊尊は、この神が長らく報告に帰ってこないことを不審に思われて、無名雉を派遣して様子を見させられた。その雉は飛び降り、天稚彦の館の門前の神聖な桂の木の梢にとまった。すると、天探女がこの鳥を見つけ、「奇妙な鳥がやって来て、桂の梢にとまっていますよ」と告げた。

天稚彦は、すぐさま高皇産霊尊からいただいた天鹿児弓と天羽羽矢を手に執ると、雉を射殺してしまった。矢は、雉の胸を貫いて飛び、高皇産霊尊の玉座の前に到達した。高皇産霊尊は、その矢をご覧になって「この矢はかつて私が天稚彦（あめわかひこ）に授けた矢である。この矢は血に染まっている。おそらく国つ神と戦って、このようになったのであろう」とおおせられ、矢を取って、お返しになろうと投げ下ろされた。矢は落ち下って、そのまま天稚彦（あめわかひこ）の胸に突き立った。天稚彦（あめわかひこ）は新嘗（にいなえ）をして臥（ふ）し休んでいるところであった。その胸に矢が命中し、たちどころに死んだのである。

これが、今の世の人々の言う「返し矢は不吉（ふきつ）だ」という諺（ことわざ）の由来（ゆらい）である。

天探女（あまのさぐめ）は、「探（さぐ）る女」という名をもつ神ですが、この女神から鳥の訪問を聞いたアメワカヒコは、このタカミムスヒのお使いを、タカミムスヒから授けられた武器で殺してしまいました。天探女（あまのさぐめ）は、後世「天邪鬼（あまのじゃく）」と呼ばれたといわれます。ここでは天からのお使い鳥をアメワカヒコに殺させるという役回りを演じており、これが結果としてアメワカヒコの隠された謀反（むほん）の心を天の神々に知らせることとなりました。

こうして天のお使い鳥を射殺した矢は天から返され、アメワカヒコを射殺しました。このときアメワカヒコは新嘗を終わって休んでいたとありますから、まさにこれから地上の主として君臨するところだったでしょう。しかし、それは未然に防がれたと語られているのです。

なお、この矢の物語は、メソポタミアの民間説話「ニムロッドの矢」に類似する話だとされています（金関丈夫『木馬と石牛』）。「ニムロッドの矢」は、狩人ニムロッドが天に矢を射たところ、それが帰って来てニムロッドに当たったという話で、この話型は「天を攻撃した者は自らが天からの報復を受ける」という教訓をもちます。司馬遷の『史記』にも同様の話があり、インドにも分布すると報告されています。ニムロッドは旧約聖書に登場するニムロデであるともいわれます。

天稚彦の妻、下照姫は声をあげて嘆き泣いてその声は天にまで届いた。天稚彦の父、天国玉はその泣き声を聞いて、息子が死んでしまったことを悟った。そこで疾風を起こしてその遺体を天に巻き上げ、喪屋をつくって殯をおこなった。そこでは、川鴈を持傾頭者（供物を持って葬列に連なる者）および持箒者（箒で殯屋を掃き清める者）とし〔一説には、鶏を持傾頭者とし、川雁を持箒者としたという〕、また、雀を舂女（儀式に供する米をつく女性）とした。〔一説には、川雁を持傾頭者とし、また持箒者とし、鴗（かわせみ）を尸者とし、雀を舂女とし、鷦鷯を哭女とし、鵄を造綿者（死者の衣をつくる者）とし、烏を宍人者（肉を調理する者）とし、すべての鳥に殯の役目を命じたという〕。

このようにして、八日八夜、声をあげて泣き悲しみ、歌を歌った。

鳥のさまざまな性格や姿かたちと葬礼の職掌が一致しているのが面白いですね。鳥に葬礼のことを任せたところは、東南アジアや中央アジアの鳥葬とも関係するという説もあります。鳥葬はもともと、鳥が死者の体を食べることによって、魂を天上世界に運ぶという考えが背景にある葬送の方法です。ここの場合、鳥は葬儀に奉仕するのですが、それによって死者の魂を天に運ぶ役割が暗示されているのかもしれません。

このようなことになる前、天稚彦が葦原中国にいたときには、味耜高彦根神と睦まじく交友していた。そこで味耜高彦根神は天に昇って、その喪を弔った。ところが、この神の容貌は天稚彦の生前の姿とたいへんよく似ていたので、天稚彦の親族や妻子は皆、「ああ、我が君はまだ生きていらっしゃった」と言って、その衣や帯に取りすがり、喜び泣いた。

すると味耜高彦根神は、色をなして怒り、「友人として、友を弔うことは道理である。だからこそ、私は死の穢れも厭わず遠くからやって来て哀しんだのだ。いったいなぜ私を死者と見誤るのか」と言い、身に帯びていた大葉刈〔または神戸剣〕という剣を抜いてその喪屋を切り伏せてしまった。この喪屋は下界に落ちて山となった。今、美濃の国の藍見川の川上にある喪山がそれである。これが、今の世の人々が、生きている者を死者に見間違うことを不吉として嫌うことの由縁である。

味耜高彦根神（あじすきたかひこねのかみ）は、死者とまちがわれて激しく怒り、アメワカヒコの遺体の安置されていた喪屋を破壊してしまいます。ここには、死者は悼（いた）み弔（とむら）うけれども、「死」そのものについてはこれを穢（けが）れとして忌（い）むという古代日本の思想があらわれています。この思想は仏教等外来のものではなく、日本独特のものでしょう。現代でもお葬式から帰宅したときに塩を振りかけて浄（きよ）めるという習慣が残っていますね。

出雲の浜辺に降り立った二柱の神

この後、高皇産霊尊（たかみむすひのみこと）は、再び神々を集めて葦原中国（あしはらのなかつくに）へ派遣する神を選ばれた。神々は皆「磐裂根裂神（いわさくねさくのかみ）の子、磐筒男（いわつつのを）と磐筒女（いわつつのめ）が生んだ子、❖経津主神（ふつぬしのかみ）がよろしいでしょう」と申し上げた。

これまでもタカミムスヒが神々を集めて何事かを決めることがありました。ここで

❖経津主神　磐裂神、根裂神、磐筒男、磐筒女とともに第五段一書（第六）に登場。刀剣の神。

も地上に派遣する神を選ぶのに神々を集めて意見を聞いています。
これは合議制ともいえる決定方法です。このスタイルはこの後もしばしばおこなわれますし、『古事記』の高天原の神話にも数多く認められます。神話は現実の反映でもありますから、臣下の者たちの合議を、頂点にいる者が採択して進めるという決定方法が、日本書紀が成立したころの日本では理想とされたのかもしれません。

おりしも天の石窟に住む神で、稜威雄走神の子の甕速日神、その甕速日神の子の熯速日神、その熯速日神の子の武甕槌神という神があった。この神が進み出て、「経津主神だけが丈夫（勇猛な男）であって、私は丈夫ではないというのか」と言い、その言葉の勢いもたいへん激しかった。そこで、この神を経津主神とともに葦原中国の平定に遣わされた。
この二柱の神は、出雲国の五十田狭の浜辺に天降り、十握剣を抜いて、さかさまに地に突き立て、その切っ先に坐した。そして大己貴神に尋ねた。

❖ 稜威雄走神　霊威をもつ雷神、刀剣神。
❖ 武甕槌神　雷神にして刀剣の神。甕速日神、熯速日神とともに第五段一書（第六）に登場。
❖ 五十田狭の浜辺　出雲大社の近くの稲佐の小浜とされる。

「高皇産霊尊（たかみむすひのみこと）は、その皇孫（すめみま）を天より降（くだ）し申し上げ、この国に君主として臨（のぞ）ませようとしておいでだ。そこで、まず私たち二神を遣わして、地上を平定させようとなさっている。あなたの心はどうか。国を譲るか、否か」

　これまでの神々は直接葦原中国（あしはらのなかつくに）の国土に降りて、オオアナムチに媚（こ）びついたり、オオアナムチの娘を娶（めと）ったりしているのですが、この二柱の神は浜辺に降りてきます。浜辺は海と国土との間の境界と考えられますから、この二神はオオアナムチの領域である国土に入らず境界線上で交渉に入ることがわかります。これは、オオアナムチが国を譲る意志を示さないかぎり、その領域に入らないという姿勢をあらわしているのでしょう。

　また、切っ先を上向きに突き立てた十握剣（とつかのつるぎ）の先端に坐（ざ）すとは不思議な様子です。おそらくこれは、刀剣神としての霊能を見せて、天上の神聖な武力を示威（しい）していると考えられます。

出雲国の国ゆずり

大己貴神(おおあなむちのかみ)は、これに応えて「まず我が子に問い、その後にお返事いたします」と申し上げた。

オオアナムチは、ここで自分が答えず、次世代を担う子にその決定を委(ゆだ)ねます。それは、この国譲りがオオアナムチ一代限りのものでなく、その子孫へと末永(すえなが)く受け継がれるものであることを示しています。

このとき、子の事代主神(ことしろぬしのかみ)は、出雲国の三穂(みほ)の岬(みさき)に出向いていた。魚釣りをしていたのである。ある伝えでは、鳥の猟をしていたという。それで、熊野の諸手船(もろたふね)、またの名を天鴿船(あまのはとふね)に、使いの❖稲背脛(いなせはぎ)を載せて派遣し

❖ 稲背脛　「イナセ」は「否諾」の意。「脛」は「足」で、使者をあらわす。承諾か不承諾かを問う使者を意味する名。

た。こうして稲背脛は高皇産霊尊の勅を事代主神に伝え、その返事を問うた。

事代主神は、「今、天つ神からご質問の勅がありました。父は国をお譲り申し上げなければなりません。私もまたそれに背くことはありません」と言った。そして、海の中に八重の蒼柴籬（緑の木々でつくった祭壇）を作り、船枻を踏んで去っていった。使いの者は戻ってそれを報告した。

大己貴神はこの息子の言葉を受け、二柱の神に申し上げた。

「私が頼りにした子は、すでに国をお譲りしました。私もまたお譲りするべきでございましょう。もし私が抵抗すれば、国のうちの多くの神々は必ず同じように抵抗するでしょう。今私がお譲りすれば、これに従わない神はいないでしょう」と。

それから、国を平定したときに地に突き立てた広矛を、この二神に授けて「私はこの矛をもって、この国の平定を成し遂げました。天孫がこの矛を使って国をお治めになれば、必ず平安に治めることができましょう。今、私は長い道のりの果ての遠いところに隠れることにいたします」と申し上げた。そして、言い終えてついに隠れてしまわれた。そこで、この二柱の神はもろもろの従わなかった鬼神たちを討伐した。

国や土地を平定するとき、矛を地面に突き立てることで、ここは自分の領土であると示す、というエピソードは、ほかにも多く存在しています。ここでは、オオアナムチは、この広矛を、国の平定を成し遂げたものとして献上します。イザナキとイザナミが国土創成のために授けられたのも「天の瓊矛」でした。古代の日本における「矛」が祭具として国土の領有に関わることがわかるような記述ですね。

〔一説に、経津主神と武甕槌神の二神は、ついに悪い神と無秩序な草木石などを討伐して、ことごとく平定したという。最後まで従わない者は、星の神、香香背男のみであった。そこで、倭文神、建葉槌命を遣わしたところ、服従した。その後、二神は

天に昇ったという〕
そして、天に帰り、報告申し上げた。

古代の日本人は星という天体にはあまり興味がなかったらしく、『古事記』や『日本書紀』には、太陽と月以外の天体はほとんど出てきません。しかし、ここに星神のわずかな例が記されています。ほかにも別の一書に、香香背男は天津甕星であると記されており、彗星ではないかともいわれます。倭文神の「倭文」は、日本古来の織物の文様をいい、織物の神です。（アニメ映画『君の名は』で、主人公の女の子が巫女をしている神社で祀っている神さまが倭文神でしたね）

ホノニニギ、高千穂の峰に降臨

こうして、高皇産霊尊は、皇孫天津彦彦火瓊瓊杵尊を真床追衾で覆い、天降らせられた。皇孫は天の磐座を離れ、天の八重にたなびく雲を押し分けて、霊威をもって道を選びながら、日向の高千穂の峯に降臨された。

日本の神話では、天空にも海中にも道があると語られます。皇孫ホノニニギはその道を選びつつ地上の日向の高千穂の峰に降臨されました。高千穂とは、高々と稲穂を積み上げたような峰という意味だといわれています。

ホノニニギの「ホ」は稲穂の「穂」で、ホノニニギという御名は「稲穂のにぎにぎしく実る様子」をあらわしています。その父のオシホミミの「オシホ」は「神聖なる稲穂」という意味ですから、古代の日本人が「穂」という言葉であらわされる「稲や穀物の実り」をいかに大切なものとしていたかがわかりますね。

また、ここで登場する「真床追衾」は、天皇の即位に際しての祭儀「大嘗祭」における衾（寝具）の名称ともされ、大嘗祭と、この天孫降臨神話の関連に注目する説もあります。

こうして皇孫（すめみま）はここから進まれて、槵日（くしひ）の二上（ふたがみ）の山にかかる天浮橋（あまのうきはし）から浮島の平らな土地に降り立たれ、痩（や）せた国の丘々を伝って良い国を探し歩かれた。そして、❖吾田（あた）の長屋の笠狭（かささ）の碕（みさき）にたどり着かれたのであった。

この地に一人の人があり、自らを事勝国勝長狭（ことかつくにかつながさ）と名のった。皇孫（すめみま）が「国はあるか」と問われると、事勝国勝長狭（ことかつくにかつながさ）は「ここに国はございます。どうかお心のままにおいでください」と申し上げた。そこで皇孫（すめみま）はこの地に留（とど）まることとなさった。

さて、その国には美しい女性がおり、名を鹿葦津姫（かしつひめ）〔または神吾田津姫（かむあたつひめ）、または木花之開耶姫（このはなのさくやひめ）〕といった。皇孫（すめみま）が、この美しい女性に「そなたはいったい誰の娘か」とお問いになると、女性は「私は、天つ神が大山祇神（おおやまつみのかみ）を娶（めと）って生まれた子でございます」とお答えした。そこで皇孫（すめみま）は、この女性を妻としてお召しになった。

❖吾田の長屋の笠狭の碕　現在の鹿児島県薩摩半島西南部の地名。笠狭の崎は野間岬。

ここに登場する女性、鹿葦津姫は三つの名をもち、その三つの名にそれぞれの意味があります。鹿葦津姫の鹿葦は九州南部の地名で「ツ」は「ノ」の意味の助詞ですから、カシツヒメとはカシのヒメであり、鹿葦を代表する姫という意味になります。神吾田津姫は、隼人の地である吾田（九州南部の地名）の神聖なる姫（「アタ」というのは、さらに敵という意味もあります）。木花之開耶姫は、木の花を咲かせる姫。この三つの名についてては、のちほどまた説明します。

また、姫は自分を、天つ神が大山祇神を娶って生まれた子であると答えています。そうであれば、大山祇神は母であり、女神ということになります。大山祇神は山の神で、日本書紀の他の個所にも古事記にも登場しますが、そのほとんどの例で男性神として語られています。後世には山の神は女性だとされることも多くなりますが、記紀の時代にはこの一例を除いては女神とは語られません。ですから、これは稀な例といえます。けれども大山祇神が女神として語られた神話も存在したことが、ここでわかります。

火中での出産

姫は、この一夜のお召しで懐妊なさった。皇孫は疑わしく思われて、「天つ神といえども、どうして一夜で人を孕ませることができようか。あなたの身ごもった子はきっと我が子ではあるまい」とおっしゃった。すると鹿葦津姫は怒り恨んで、ただちに扉のない産屋をつくってその中にこもり、こう誓いを立てた、「私が宿したこの子が、天孫よ、あなたの御子でなかったら、必ず焼け滅ぶでしょう。けれど、もし本当に天孫の御子であるならば、火でさえも害なすことはできません」と。そして、たちまち産屋に火を放った。

鹿葦津姫は、木花之開耶姫（以下、コノハナノサクヤヒメ）という優しい響きの名前をもっているのに、たいへん心の強い女性だということがわかります。自らの身の潔白を証明するために、産屋（うぶや）の入口を塗り固め、出産に臨んで火を放つという危険な行為に出ます。出入口がない産屋（うぶや）で、誰も救助することのできない状況をつくって、火中での出産をおこなったのです。

出産は、現代でも女性にとっては命がけです。ましてや千三百年以上前に語られる出産であれば、どんなに危険な状況であったか。この姫は、たった一人での火中出産という、この上ない危険な状況をつくり、それでも無事なら生まれる子は天孫の血筋であると誓いを立てます。自分の子と自分の命を賭（か）けて、子どもの父親と自分の身の潔白を証明するのです。

またここには、天孫の血筋であれば、炎（ほのお）もこれを焼くことはできないという主張があらわれています。すべてを生み出したイザナミを黄泉（よみ）へと至らせた「火」ですら天孫の御子を焼き滅ぼすことができなかったことが記されています。

なお、この段ではホノニニギは「皇孫」「天孫」と呼ばれます。「皇孫」は、皇統の祖としてタカミムスヒ（本書）、アマテラス（一書第一、第二）の孫を意味しており、一方「天孫」は天神（あまつかみ）の孫の意味で、多くの例で地上（または地上の神）からの呼び名として記されています。

燃え始めて煙のまだ弱いときに生まれ出た御子は火闌降命という。〔これは隼人等の始祖である〕。次に熱さを避けたときに生まれ出た御子は彦火火出見尊という。次に生まれ出た御子は火明命という。〔これは尾張の連等の始祖である〕。合わせて三柱の御子である。

火闌降命が隼人たちの祖先とされます。母である神吾田津姫の、隼人の姫としての属性を継ぐ御子といえます。第二子の彦火火出見尊の名には「尊」の称号がついて、父、ニニギの尊の天孫の血筋を継ぐ御子であることが、その名からわかります。第三子の火明命は、尾張連などの始祖となりました。三人の男子が無事に誕生し、ここに御子の父がホノニニギであることも証明されました。

それから長い時を経て、天津彦彦火瓊瓊杵尊は崩御された。そこで、筑紫の日向の可愛の山陵に葬り申し上げた。

ホノニニギの崩御の記事です。天つ神の御孫として地上に降臨し、人間としての寿命を全うして亡くなるという展開になっています。天上の至尊の神と系譜でつながるホノニニギはこうして人間として天皇の祖となります。第九段の本書は、ここで終わります。

別伝 8 編

1

一書（第一）にいう。天照大神は、天稚彦に勅して「この豊かな葦原中国は、私の子が王として臨む国である。しかしながら、猛々しく悪い神々がいるようである。だから、先ずそなたが行って平定するように」とおおせられた。そして、天鹿児弓と天真鹿児矢を授けて派遣なさった。

天稚彦は、この勅を受けて降ると、すぐさま多くの国つ神の娘を娶り、八年経っても報告に帰ってこなかった。そこで、天照大神は思兼神を召して、その対策を問われた。思兼神は考えて「雉を派遣して尋ねるのがよいでしょう」と申し上げた。

こうして、この策の通りに雉を派遣して様子をうかがわせることとなった。雉は飛び下って天稚彦の門前の神聖な桂の木の梢にとまり、鳴いて「天稚彦よ、なぜ八年もの間、報告もしないのか」と尋ねた。おりしも国つ神で天探女という者がおり、この雉を見て

「鳴き声が不吉な鳥がこの木の上にいます。射てください」と進言した。天稚彦がただちに天つ神から授かった天鹿児弓と天真鹿児矢を手にとって射たところ、矢は雉の胸を貫いて、ついに天つ神のみもとに到達した。

ここでの司令神は天照大神です。この段の本書の司令神はタカミムスヒで、本書にはアマテラスは登場していません。この一書（第一）では、逆にアマテラスがクローズアップされて、タカミムスヒは出てこないのです。タカミムスヒは男神ですが、ホノニニギには母系のいわば外祖父であり、アマテラスは女神にしてホノニニギには父神の親にあたる父系の祖です。この二柱によるホノニニギ降臨神話が本書と一書（第一）として記載されていることは興味深い現象です。神代の巻が長大な一書を、煩をいとわず記すのも、その両者を残す必要を認めていたからかもしれません。

なお、ここでの天探女は、天から降りてきた神ではなくて、国つ神という設定です。

天つ神はその矢をご覧になって、「これはかつて私が天稚彦に授けた矢ではないか。いったいなぜ今ここに飛んできたのだろう」とおおせられ、矢をとり、「もし悪しき心で射たのであれば、天稚彦は必ず禍に遭うだろう。もし清き心で射たのであれば無事であろう」と祈って矢を投げ返された。矢は飛び下って天稚彦の胸に当たり、天稚彦はたちまち死んだ。これが、世の人の「返し矢恐るべし」ということわざの由来である。

天稚彦の妻子は天から降り来て、柩を持って天に昇った。そして、天で喪屋をつくって殯を営み、声をあげて泣いた。また、かつて天稚彦は味耜高彦根神と仲の良い友であった。そこで、味耜高彦根神も天に昇り、友の喪を弔って大きな声で泣いた。
ところが、味耜高彦根神の容貌は天稚彦とたいへんよく似ていた。このため、天稚彦の妻子たちはこの神を見て喜び、「なんと、わが君はまだ生きていらした」と言って、その衣や帯にとりすがって離れなかった。味耜高彦根神は怒り、「わが友が亡くなったのだ。だからこそ私はすぐさま来て弔った。なぜ死んだ者と私をとり違えるのか」と言って、ただちに剣を抜いて、喪屋を切り倒してしまった。すると、この喪屋は地上に落ちて山となった。それが、美濃の国の喪山だという。今の世の人が、死んだ者が自分と間違われることを不吉とするのは、このようなことが由来となっている。

さて、味耜高彦根神の容姿は美しく端正で、二つの丘、二つの谷に渡って光り輝いた。そこで、喪に参集した者たちは歌った。あるいは、味耜高彦根神の妹、下照媛が集まった者たちに、この山谷に照り輝く神は味耜高彦根神だと知らせようとされたという。こうして次の歌が歌われた。

天なるや　弟織女❖の　頸がせる　玉の御統の　穴玉はや
み谷　二渡らす　味耜高彦根

（天上の若い機織り女が、首にかけておいでの宝玉の首飾りに通される穴玉よ。その美しい穴玉のように、二つの谷を渡って輝く神こそ味耜高彦根神なのですよ）

また、歌を詠んだ。

❖弟織女　若い機織りの女性という意味。「たなばた」は、もともとは機織りの女性という意味。

天離る　夷つ女の　い渡らす迫門　石川片淵
片淵に　網張り渡し　目ろ寄しに　寄し寄り来ね　石川片淵
（天から遥か離れた地、夷、その夷の女が渡りなさる瀬、石川の片淵。その淵に網を張り渡し、網の目を引き寄せるように、こちらに寄っておいでなさい。石川の片淵に）

この二首の歌は、今は夷曲と名付けられている。

さて天照大神は、思兼神の妹の万幡豊秋津媛命を妃として正哉吾勝勝速日天忍穂耳尊に娶らせ、葦原中国に降らせた。このとき、勝速日天忍穂耳尊は天浮橋に立たれ、下界を眺めると「その国はいまだ平定されていない。秩序なく見るに汚れた国だ」とおおせられ、再び天に帰り昇って、降りて行かれない理由をつぶさに述べられた。

そこで、天照大神は武甕槌神と経津主神を派遣して、まずその地を平定させることとした。二柱の神は出雲国に降って行き、大己貴神に「そなたはこの国を天つ神に献上するか」と尋ねた。大己貴神は答えて「我が子、事代主は、三津の碕で鳥猟をしております。今、この子に問い、お返事をいたします」と申し上げた。

すぐに使いの者を派遣したところ、事代主神は「天つ神がお求めになるところを、どうして奉らないということがありましょうか」とお答え申し上げた。それで大己貴神は息子、事代主の言葉のとおりに返事を申し上げた。すると二神はこれを受けて天に昇って報告をし、「葦原中国はすべて平定を終えました」と申し上げた。

天照大神は「それでは、我が子を降臨させせよう」とおおせられた。そして天忍穂耳尊

❖万幡豊秋津媛　高皇産霊尊の娘として登場することが多いが、ここでは思兼神の妹として登場。

解説▼

がまさに降臨なさろうとしたときに皇孫がお生まれになった。名づけて天津彦彦火瓊瓊杵尊と申し上げる。このとき、天忍穂耳尊は天照大神に奏上して「この皇孫を、私に代えて降臨させようと思います」と申し上げた。

天照大神は、そこで、天津彦彦火瓊瓊杵尊に八坂瓊の曲玉と八咫鏡と草薙の剣の三種の宝物をお授けになった。また、中臣の祖先天児屋命、忌部の祖先太玉命、猨女の祖先天鈿女命、鏡作の祖先石凝姥命、玉作の祖先玉屋命、合わせて❖五部の神々を付き従わせられた。

そして、天照大神は皇孫に勅しておおせられた。

「葦原千五百秋瑞穂国は、我が子孫の君主たるべき国である。そなた皇孫よ、行って治めよ。つつがなく行くように。天の日を継ぐ皇統の栄えは、まさに天地と同じもの。けっして尽きることはない」

右のアマテラスの勅は漢文の読み下しでは次のようになります。

「葦原の千五百秋の瑞穂の国は、是、吾が子孫の王たるべき地なり。爾皇孫、就でまして治せ。行矣。宝祚の隆えまさむこと、当に天壌とともに窮り無けむ」

これは、その「天壌とともに窮り無けむ」の文言から後世に「天壌無窮の神勅」といわれた勅です。「天壌」とは「天地」のことです。

千五百秋とは、千も五百も豊かな収穫の秋が続くことをいい、日本の国の豊かな実りが祝福されています。これはアマテラス大神が皇孫であるホノニニギの尊に下した勅

❖五部の神々　「部」は「部の民」をいう。部民とは専門の職能をもった朝廷に仕える人々で、ここではその部民の祖先神。また、天照大神を天の石窟から招き出した神々であり、神事に奉仕する職掌をもつ。

で、地上に降臨して統治すること、また、アマテラス大神の子孫である天皇の皇統は、天地と同様に永遠に続くことを宣言しています。この段の本書の司令神、タカミムスヒは皇孫に対して、このような勅を述べません。それはおそらくタカミムスヒがホノニニギの外祖父であることにもよるかもしれません。

一方でアマテラスはホノニニギにとっては父系の祖で、この勅の中にも「吾が子孫」という言葉が見えます。また、これのほかに、御子であるオシホミミにも勅を下しています（第二の一書）。

こうして、降ろうとなさったとき、先駆けの神が戻ってきて、「一人の神が、天の道が多く分岐する所に座っております。鼻の長さは七咫❖、背の丈が七尺❖余り、身長は七尋❖ほどもあります。また、口と尻は明々と照り輝き、目は八咫鏡のようで、赤く輝くようすはほおずきによく似ています」と報告した。

そこで、ただちにお供の神を派遣して、その素性を問わせようとした。しかし、多くの神々は、みな眼力で勝てず問うことができなかった。そこで、天照大神は天鈿女に特に勅して「そなたは眼力がほかの神々よりも勝っている。そなたが行って問うように」とおおせられた。

天鈿女は胸乳をあらわに出し、裳の帯を臍の下におし垂らし、大きな声で笑って向かい合って立った。すると道の分岐にいる神が問うた。「天鈿女よ。何故そのようなことを

❖ 咫・尺・尋　1咫は約16センチ、1尺は約30センチ、1尋は人が両手を広げたくらいの幅。ここでは、実寸ではなく、この神がたいへん大きいことを表現していると思われる。

するのか」。天鈿女はこれに答えて「天照大神の御子がお出ましになる道に、そのように座っているあなたは誰か。聞きたいのだ」と言った。

解説▼

女性の胸乳や臍の下は子どもを生み育てる器官を意味します。ここを露出するとは生み育てる力を見せて、女性の霊威を発する行為です。また、笑いは、悪いものを吹き払う力としてしばしば神話にはあらわれます。

　道の分岐にいる神が答えて言った、「天照大神の御子が今しも降りていらっしゃると聞きました。それでお迎えしようとお待ちしておりました。私の名は猨田彦大神です」。すると天鈿女は、また問うて「あなたが私を先導して行くか。それとも私があなたに先立って行こうか」と言った。猨田彦大神は「私が先に立って道を開きつつ行きましょう」と答えた。

　天鈿女が、また「あなたはどこに行くのか。皇孫はどこにお着きになるのか」と尋ねると、猨田彦大神は答えて「天つ神の御子は、筑紫の日向の高千穂の槵触峯にお着きになります。私は伊勢の狭長田の五十鈴の川上に参ります」と言った。そして、「私の素性を明かしたのはあなたです。だから、あなたが私を送り届けるように」と言った。天鈿女は天に戻り、これを報告した。

　ここに、皇孫は天磐座を離れ、天の八重にたなびく雲を押し分け、霊威をもって道を選びつつ天降られた。そして、ついに先の約束どおりに、日向の高千穂の槵触峯にお着きになった。あの猨田彦神は伊勢の狭長田の五十鈴の川上に着いた。天鈿女命は、猨田彦神の願いのままに送っていった。

このとき、皇孫は天鈿女に勅して「そなたは、そなたが素性を明かした神の名を姓氏とせよ」とおおせられ、猨女君という名を授けた。そこで、猨女君は男も女もみな君と呼ぶ。これがその起源である。

猨女君は、古代実在していた氏族で、宮中の大嘗祭、鎮魂祭に舞を奏上し、奉仕する女性を代々貢上しました。猨女君の淵源をたどるとアマノウズメに至るという話です。

一書(第二)にいう。天つ神は、経津主神と武甕槌神を派遣して葦原中国を平定させた。この二神は「天に悪い神がおります。その名を❖天津甕星といいます。〔またの名を❖天香香背男という〕。まずこの神を成敗して、それから地に降って葦原中国を平定いたします」と申し上げた。このとき、天の悪神を征する❖斎主の神があり、この神の名を斎の大人といった。この神は今東国の❖樴取の地に鎮座されている。

こうして経津主神と武甕槌神の二神は、出雲の五十田狭の浜辺に降りて、大己貴神に「あなたはこの国を、天つ神に奉るか」と尋ねた。大己貴神は答えて「あなた方二神が私の国にいらっしゃったわけが疑わしい。だからその申し出を許すことはできない」と言った。そこで経津主神は天に還って報告した。

高皇産霊尊は二神を再び派遣し、大己貴神に勅して、「このたびのあなたが言うこと

❖天津甕星　「甕(ミカ)」は勢いがあるという意味。　❖天香香背男　ほうき星といわれている。
❖斎主　神を祀る人という意味。二神の出陣に際して祈願をした神とされる。
❖樴取の地に鎮座　千葉県佐原市の香取神宮。

を聞けば、それは深く理に適っている。だから、一つ一つについて勅を述べよう。まず、あなたが治めている現世のことは、私の孫が治めることとする。あなたは幽界の神事を治めよ。また、あなたの住む天日隅宮は、今すぐつくろう。ただちに千尋の長さのある❖栲縄で結んで❖百八十結びとしよう。宮の柱は高々と太く建て、板は広く厚いものを使おう。また、田もつくって与えよう。それからあなたが往来して海に遊ぶために、高橋、浮き橋そして天鳥船もつくって与えよう。天の安河には取り外しのできる打橋をつくろう。何度もしっかりと皮革を縫い合わせた白い立派な楯をつくって与えよう。また、あなたの祭祀を司る者は、天穂日命とする」とおおせられた。

大己貴神はお応えして「天つ神の仰せは、かくも丁重でございました。どうしてお言葉に従わないことがありましょう。私が治めている現世は、皇孫がお治めになってください。私はここから去って、幽界の神事を治めましょう」と申し上げた。そして二神に道の分岐に鎮座する岐神を薦めて、「この者が私に代わってお仕えいたします。私は、ここから退きましょう」と申し上げ、瑞の八坂瓊の宝玉を身につけて、永久にお隠れになった。

解説▼

ここは、他の国譲りの話とは異なって、はじめオオアナムチは国譲りを拒絶します。それを聞いたタカミムスヒは、それも道理であるとして、世界を幽界と現世とに二分してそれぞれを治めることを提案し、さらにオオアナムチのために神殿、田、橋、船などを用意するなどの条件を提示して説得します。それが功を奏して国譲りが成功するとい

❖ 栲縄　楮で作った縄。
❖ 百八十結び　紐や縄で柱を結ぶ古代の建築法。

う展開となっています。天つ神の国つ神に対する丁重さを示す一つのバリエーションといえます。

そこで経津主神は、岐神を先導として国中を巡って国土を平定した。反逆する者は斬り伏せ、帰順する者は褒め称えた。このときに帰順した神々の首長は、❖大物主神と❖事代主神である。

この二神は八十万の神々を天の高市に集め、率いて天に昇ってその忠誠の心を申し述べた。このとき、高皇産霊尊は大物主神に勅して「あなたがもし国つ神を妻とするならば、私はそなたにまだ離れた気持ちがあるように思うだろう。だから今、我が娘、三穂津姫をそなたの妻として娶らせよう。八十万の神々を率いて、永遠に皇孫をお護り申し上げよ」とおおせられて、地上に還り降らせた。そして、紀伊国の忌部の祖先手置帆負神を作笠者と定め、彦狭知神を作盾者とし、天目一箇神を作金者とし、天日鷲神を作木綿者とし、櫛明玉神を作玉者とした。こうして、太玉命の弱肩に太手繦を掛けて皇孫に代わって大己貴神を祭らせることは、ここから始まったのである。

また天児屋命は神事を司る宗家であるため、太占の占法を以てお仕えさせた。高皇産霊尊は勅して「私は天津❖神籬と天津❖磐境をつくり、我が孫のためにお祭りしよう。天児屋命、太玉命は、天津神籬を持って葦原中国に降り、我が孫のためにお祭りせよ」とおおせられ、この二神を天忍穂耳尊に従わせて降らせた。

❖大物主神　第八段一書（第六）では大己貴神、大国主神の別名として出てくる。
❖事代主神　本段の本書、一書（第一）では大国主神の子として登場するが、ここではその関係に言及されていない。

解説▼

解説▼

このとき、天照大神は御手に宝鏡を取り、天忍穂耳尊に授けて祝福しておおせられた。

「我が御子よ、この宝鏡を見ることは、私を見ることと心得なさい。床を同じくし、殿を共にして、斎いの鏡とするように」

右のアマテラスの言葉は読み下し文（原文＝漢文の訓読）では、次のようになります。

「吾が児、此の宝鏡を視まさむこと、当に吾を視るがごとくすべし。与に床を同じくし殿を共にして、斎鏡とすべし」

これは、後世「宝鏡奉斎の神勅」と呼ばれた勅です。この神勅は皇孫ではなく御子オシホミミの尊に発せられています。また、ここでは宝鏡を「床を同じくし」とあって、宮中にてアマテラスの子孫―天皇によって大切に祭られることが命ぜられます。この宝鏡はやがて伊勢神宮に祭られることになります。

再び、天児屋命と太玉命に勅して、

「そなたたち二神も、同様に殿内にひかえて、よくお護り申し上げよ」とおおせられた。

また勅しておおせられた。

「我が高天原にてつくる斎庭（神聖な田）の稲穂を、我が御子に委ねよう」

右の勅の読み下し文は次のようになります。

「吾が高天原に所御す斎庭の穂を以て、亦吾が児に御せまつるべし」

この勅は、後世「斎庭の稲穂の神勅」と呼ばれたものです。この神勅は、やはりオシ

❖ 神籬　草木で作った神の降臨する祭壇。　❖ 磐境　神が降りてくる磐座。

解説▼

ホミミの尊に与えられています。

「斎庭」とは、高天原における神聖な田のことです。ここでは、「稲」は、アマテラスが高天原の神聖な田で育て、それが天皇の祖先神に委ねられた穀物であることが示されます。日本の神話において稲がいかに大切な作物であったかがわかります。

そして、高皇産霊尊の娘の万幡姫を天忍穂耳尊の妃として天降らせられた。するとこの二柱の神は天と地の間の❖虚天で御子を生された。天津彦火瓊瓊杵尊と申し上げる。そこでこの皇孫を、天忍穂耳尊に代えて降臨させることとなさった。このため、天児屋命、太玉命および諸の部の神々をことごとく皇孫にお授けになった。また、お召し物なども天忍穂耳尊と同じようにお授けになった。そののち、天忍穂耳尊は天にお還りになった。

この一書（第二）では、司令神はタカミムスヒであるにもかかわらず、オシホミミに勅を与えるのはアマテラスです。タカミムスヒがオシホミミに直接指示を与えないのは、親子関係ではないため当然ですが、孫であるホノニニギにも直接の発話や勅はありません。ホノニニギとの関係では、アマテラスに比べてタカミムスヒは一歩下がっているような印象があります。

さて、天津彦火瓊瓊杵尊は、日向の槵日の高千穂の峯に天降られて、痩せた何もない国の丘を伝って良い国を探し歩かれ、浮島の平らな土地にお立ちになり、その国の首長、

❖ 虚天　高天原と地上との間の空間。天（高天原）ではなく、虚天で生まれた子が皇孫になると語る。皇孫は、天の神と地上の人とをつなぐ存在として誕生したという考え方が示されている。

事勝国勝長狭（ことかつくにかつながさ）を召してご質問なさった。事勝国勝長狭（ことかつくにかつながさ）はお応えして「ここに国がございます。取るも取らぬもお心のままに」と申し上げた。そこで皇孫（すめみま）は、その地に宮殿を建てて滞在なさった。

のちに浜辺を歩かれたとき、一人の美しい乙女と出会った。皇孫（すめみま）が「あなたは、誰の娘だろうか」とお尋ねになると、乙女は答えて「私は大山祇神（おおやまつみのかみ）の娘で、名は神（かむ）吾田鹿葦津姫（あたかしつひめ）、亦（また）の名は木花開耶姫（このはなのさくやひめ）でございます」と申し上げた。そして、「また私の姉に磐長姫（いわながひめ）がおります」と申し上げた。

皇孫（すめみま）は「私は、そなたを妻としたいと思う。どうだろうか」とおおせられた。姫は答えて「わが父、大山祇神（おおやまつみのかみ）がおります。どうか父にお尋ねください」と申し上げた。そこで皇孫（すめみま）は大山祇神（おおやまつみのかみ）に、「私は、そなたの娘と出会った。妻としたいと思う」とおおせられた。

大山祇神（おおやまつみのかみ）は、すぐさま二人の娘に、多くの台に乗せた飲食物を持たせて献上した。ところが皇孫（すめみま）は、姉は醜（みにく）いと思われてお召（め）しにならず退（しりぞ）けて帰らせ、妹のほうは国一番の美女としてお召しになり、ご結婚なさった。すると妹の姫はただ一夜で懐妊（かいにん）した。一方、磐長姫（いわながひめ）はたいへん恥（は）じ、呪（のろ）って「もし天孫が私を退けずに妻としてお召しになったならば、私の生む御子は命永く、磐（いわ）のように永久（とこしえ）に存（なが）らえたことでしょう。けれどもそうはなさらず、ただ妹のみをお召しになりました。ですから、妹の生む御子は、必ずや木の花のように散り落ちることでしょう」と言った。

一説には、磐長姫は恥じ恨んで、唾を吐いて泣き、「この世に生きる人間は、木の花のように、短い間にうつろい、衰えてやがて死ぬでしょう」と言った、という。これが、世の人間の命が短いことの由縁である。

このあと、神吾田鹿葦津姫は皇孫にお目にかかり、「私は天孫の御子を身ごもりました。この御子は、私が勝手にお生みすることはできません」と申し上げた。皇孫は、「天つ神の御子といえども、一夜で人を孕ませることができようか。もしやその子は私の御子ではないのではないか」とおおせられた。

木花開耶姫（神吾田鹿葦津姫）は、これをたいへん恥じ恨み、扉のない産屋をつくり、誓いをして「私が身ごもった御子が、もし他の神の子であるならば、けっして無事ではないように。もしまことに天孫の御子であるならば、必ず無事に生まれてくるように」と言って産屋に入って火を放った。そして、炎が燃え始めたときに生んだ御子を火酢芹命という。次に炎が盛んに燃えているときに生んだ御子を火明命という。次に生んだ御子を彦火火出見尊という。または火折尊という。

解説▼

コノハナノサクヤヒメ（木花開耶姫）の「木花」は山桜の花であるともいわれます。ここでは、「桜」と「磐」の名をもつ姉妹の姫との婚姻の物語を通じて、「桜」を選んで「磐」を退けたホノニニギが「磐」のような永久の命を失った顛末が描かれています。これは、アマテラスの子孫であるホノニニギとそれに連なる歴代の天皇が人間としての有限の寿命をもつに至った由来を語る神話であり、また、退けられた磐長姫の恨みのためにこの

❖ 唾を吐く　一種の呪いの行為とされる。世界の古代文明には、唾液に呪術的な力があるという思想が広く見られる。

3

世の人間もまた有限の命となった理由が語られています。なお、このような説話の型を、神話学では「バナナ型」といい、東南アジアを中心としての分布が報告されています。

◎バナナ型神話について

東南アジアを中心に分布する、生と死の起源神話です。原初の時代、神が人間に石を与えたところ、人間は堅くて食べられないとして別のものを要求します。神が人間にバナナを与えたところ人間は喜んで受け取ります。このため人間は石のような永遠の命を得られず、バナナのように短命となったという型の神話をいいます。石と植物が対比されて、植物を選んだ人間が石の永続性を得られず、植物のように死と短命を繰り返す存在となったという話型は、この神話での磐長姫（いわながひめ）とコノハナノサクヤヒメの対比と同様です。石と植物の対比で、その植物として木の花（桜）を選んだところには、古代から現代につながる日本の感性が感じられます。

一書（第三）にいう。はじめ、炎が明るくなったときに生んだ御子は、火明命（ほのあかりのみこと）、次に炎が盛んなときに生んだ御子は、火進命（ほのすすみのみこと）。または火酢芹命（ほのすせりのみこと）という。次に炎が消えかかったときに生んだ御子は、火折彦火火出見尊（ほのおりひこほほでみのみこと）という。この三柱の御子は皆、火にさえ害されることがなかった。母もまた少しも損（そこ）なわれなかった。このとき、❖竹の刀で御子の臍（へそ）の緒（お）を切った。そして捨てたその竹の刀はやがて竹林になった。それでその地を名づけて竹屋（たかや）という。

❖ 竹の刀で臍の緒を切る　竹刀で臍の緒を切ることは東南アジアでも広くおこなわれていた。ここは、金属の刃で人体の一部である臍の緒を切ることが忌まれているか。

さて、神吾田鹿葦津姫は、占いによって定めた神聖な田を狭名田と名付けた。その田の稲で、天の甜酒を醸して新嘗に供した。また、水の豊かな渟浪田の稲をご飯に炊いて新嘗に供した。

解説▼

甜酒はおいしいお酒という意味です。渟浪田は沼の田という意味で、水田のことといわれています。ここでは、田を定めて、酒とご飯を新嘗にお供えしたとあり、神吾田鹿葦津姫が新嘗の祭を主宰したように記されています。女性と新嘗との関連は、万葉集にも歌われていて、元来は新嘗の祭をおこなったり、酒をつくったりするのは女性の役割だったとも考えられ、興味深い部分です。

4

一書(第四)にいう。高皇産霊尊は、真床覆衾を天津彦国光彦火瓊瓊杵尊にお着せして、天の磐戸を引き開け、天に幾重にもかかる雲を押し分けて、天より降らせられた。

解説▼

真床覆衾は必ずタカミムスヒが司令神のときに登場します。その場合、オシホミミは登場せず、ニニギの尊だけが登場します。面白いのは、天の磐戸を開けて降すとあるところで、アマテラスの「天の石窟」神話との関連も考えられます。

このとき、大伴連の祖先天忍日命が、来目部の祖先天槵津大来目を率いて、背には天磐靫を背負い、腕には稜威の高鞆を着け、手には天梔弓と天羽羽矢をとり、八目鳴鏑を持ち、また頭槌剣を佩びて、天孫の先導として降った。天孫は、日向の襲の高千穂の

5

解説▼

槵日の二上峯の天浮橋に到り、浮島のある平らな土地にお立ちになり、痩せた何もない国を、丘続きに良い国を探し求めて進まれ、吾田の長屋の笠狭の御碕に到着された。

大伴連の祖先である天忍日命と、来目部の祖先である大来目が出てきます。大伴連は、このように神話の時代から天皇にお仕えした一族と語られます。

天忍日命の出で立ちは、背中に天の磐靫を背負い、腕には高鞆をつけて弓と鏑矢を持っている。靫とは矢の入れ物です。鞆は、弓の反動を受け止めるために左手に付ける防具です。八目鳴鏑とは、カブラに八つの穴が開いた鏑矢のことです。鏑矢とは、鏃の付け根のところに蕪のような丸い形で中が空洞の器具（カブラ）が付いていて、飛ぶときに音を立てる矢です。頭槌の剣は、持ち手がげんこつのようになっている古代の剣です。

さて、そこに一人の神がいて、名を事勝国勝長狭といった。そこで、天孫はその神に「国はあるか」と問われた。長狭は「ございます」とお答えした。そして「勅のままに献上いたします」と申し上げた。この事勝国勝神は、伊奘諾尊の御子で、またの名を❖塩土老翁という。

一書（第五）にいう。天孫は大山祇神の娘、吾田鹿葦津姫を妻としてお召しになった。すると姫は一夜で懐妊し、四柱の御子がお生まれになった。そこで吾田鹿葦津姫は御子たちを抱いて進み出て「天つ神の御子を、私が勝手にお育てするわけにはまいりません。

❖塩土老翁　潮路を司り、航海を守る神。

それでお知らせに参りました」と申し上げた。天孫はこの御子たちを見て嘲笑って、「おお、なんと我が皇子とは。喜ばしくも生まれたというぞ」とおおせられた。

このため吾田鹿葦津姫はお怒りになって「なぜ私を嘲るのですか」と申し上げた。天孫は、「疑わしいと思う。だから嘲るのだ。いくら私が天つ神の御子といえども、一夜のうちに人を孕ませることができようか。定めて私の御子ではないだろう」とおおせられた。これを聞いた吾田鹿葦津姫はますます恨んで、扉のない小屋をつくり、その中に籠るや誓いをして「私が身ごもった御子たちが、もしも天つ神の御子でなかったならば、必ず焼け亡せるように。もし天つ神の御子であるならば、害されることがないように」と言うと小屋に火を放った。

炎がはじめ明るく燃えだしたときに、これを踏んで雄たけびをあげて出てきた御子は自ら名のりをあげた「私は天つ神の御子。名は火明命。我が父はどこにいらっしゃるのか」と。次に、火が盛んなときに、これを踏んで雄たけびをあげて出てきた御子は自ら名のりをあげた「私は天つ神の御子。名は火進命。我が父そして兄はどこにいらっしゃるのか」と。次に炎が衰えてきたときに、これを踏んで雄たけびをあげて出てきた御子はまた名のりをあげた「私は天つ神の御子。名は火折尊。我が父と兄たちはどこにいらっしゃるのか」と。次に、ほとぼりがさめるときに、これを踏んで雄たけびをあげて出てきた御子もまた名のりをあげた「私は天つ神の御子。名は彦火火出見尊。我が父そして兄たちはどこにいらっしゃるのか」と。

解説▼

ここでは火折尊(ほのおりのみこと)と彦火火出見尊(ひこほほでみのみこと)が別々の神さまとして書かれています。

こうしてそののちに、母の吾田鹿葦津姫(あたかしつひめ)は、燃えがらの中から出てきて天孫のもとに参上し、言挙(ことあ)げして「私が生んだ御子たちと私の身は、火の難にあっても、少しも損(そこ)なわれることはありませんでした。天孫よ、ご覧になりましたか」と高らかに申し上げた。天孫はこれに答えて、「私はもともとこの子たちが我が御子だと知っていた。ただ、そなたは一夜で身ごもった。疑う者があるだろうと思い、人々に、これが皆私の御子であること、それからまた天つ神は一夜で身ごもらせることができることを知らしめようと思ったのだ。また、そなたには霊妙(れいみょう)で不思議な威力(いりょく)があり、御子たちにも人より優(すぐ)れた勢いがあることを明らかにしたいと思った。そのための嘲(あざけ)りの言葉だったのだ」とおおせられた。

◆天孫はなぜ妻を疑ったのか

ここで大事なのは、天孫はなぜ妻を疑うのかというところです。ここは、別に疑わなくていいところなのです。そもそも「一夜孕(ひとよはら)み」とは神の子の証(あかし)でした。古代の日本には、神に仕える巫女にたった一夜、神が降臨して子供を孕ませるという伝承の型があったのです。ですから、ここは本来不審ではないはずなのに天孫は疑い、嘲ります。なぜなのでしょう。

ここでの天孫が疑うという展開は、この後の御子たちの火中出産を導くためのものなのです。疑う言葉がなければ、御子たちが火を乗り越えるという事態にはなりません。本書、一書を通じて、ホノニニギとコノハナノサクヤヒメの婚姻と出産が語られる場合、ホノニニギは必ず姫を疑っています。そして、その結果、姫はその疑いを晴らし、御子の血筋を証明するために火中に我が身と御子をさらします。これは、火を乗り越える力が皇室の祖先に与えられていることを示すことが、この婚姻のエピソードの一つの目的であるからです。このために、ホノニニギは妻を疑うという夫の役割を果たすことになっています。

6

一書（第六）にいう。天忍穂根尊は、高皇産霊尊の娘、栲幡千千姫万幡姫命〔または、高皇産霊尊の娘、火之戸幡姫の子、千千姫命という〕を娶られた。そして、御子、天火明命がお生まれになり、次に天津彦根火瓊瓊杵根尊がお生まれになった。この天火明命の子の天香山は、✣尾張連らの祖先である。

皇孫、火瓊瓊杵尊を葦原中国に天よりお降しするにあたって、高皇産霊尊は多くの神々に勅して「葦原中国は、岩根や木の株、草の葉もいまだもの言う状態だ。夜は篝火の火の粉が飛ぶように騒がしく、昼は五月の蠅のように騒ぎ乱れている」とおおせられた。云々（以下略）。

さて、高皇産霊尊は勅して「かつて天稚彦を葦原中国に派遣した。今にいたるまで長らく帰ってこないわけは、もしや国つ神に強く抵抗する者がいるからではないか」とおおせられた。そこで、名無しの雄の雉を遣わして様子をうかがわせた。この雉は降りていったが、粟田、豆田を見るや、そこに留まって戻らなかった。これが今の世に言う「雉の頓使い（行ったら帰ってこない使い）」という諺の由来である。

そこでまた、名無しの雌の雉を遣わした。この鳥は降りていき、天稚彦の矢に射られ、その矢に当ったまま天に帰って報告した。云々（以下略）。

そこで、高皇産霊尊は真床覆衾を、皇孫、天津彦根火瓊瓊杵根尊にお着せして、天の幾重にも重なる雲を押し分けて、天より降された。そこで、この神を称えて天国饒石彦火瓊瓊杵尊と申し上げる。このとき、お降りになった所を、日向の襲の高千穂の添山峯という。やがてお出かけになるときに及んで、云々（以下略）。

吾田の笠狭の御碕に至り、長屋の竹嶋に登られた。その土地を巡ってご覧になっていると、人があった。名を事勝国勝長狭という。天孫が「ここは誰の国か」と尋ねると、「こ

✣尾張連　古代、尾張地方を本拠地とした大豪族。

7

こは長狭が住む国でございます。けれども今、天孫に献上いたします」とお答えした。天孫はまた「あの波の穂が立つ波頭の上に大きな広い御殿を建てて、腕輪の玉の音もさやかに、機を織っている乙女は誰の娘か」と問われた。長狭は、「大山祇神の娘たちで、姉を磐長姫、妹を木花開耶姫、またの名を豊吾田津姫と申します」とお答えした。云々（以下略）。

皇孫は豊吾田津姫を妻として召された。すると一夜で身ごもられたので、皇孫はお疑いになった。云々（以下略）。ついに火酢芹命を生み、次に火折尊、またの名は彦火火出見尊を生んだ。母の誓いはまったく明白であった。この御子たちがまことに皇孫の御子であることが、まさによく知られたのである。けれども豊吾田津姫は、皇孫を恨んで、二度と言葉を交わされなかった。皇孫は憂いのあまり歌を詠まれた。

沖つ藻は　辺には寄れども　さ寝床も　与はぬかもよ　浜つ千鳥よ

（沖の藻は浜辺にうち寄ってくるというのに、我が妻は私のそばには寄らず、寝床も与えてはくれぬ。私は妻恋う浜の千鳥のようだよ）

一書（第七）にいう。高皇産霊尊の娘、天万栲幡千幡姫（一説に、高皇産霊尊の娘、万幡姫の子の玉依姫命）は、天忍骨命の妃となって、御子、天之杵火火置瀬尊を生んだ。一説には、勝速日命の御子、天大耳尊、この神は、丹舄姫を娶られて、御子、火瓊瓊杵尊を生された、という。一説には、神皇産霊尊の娘の栲幡千幡姫が、御子、火瓊瓊杵尊を生ま

8

れた、という。天杵瀬命が吾田津姫を娶られて、御子、火明命を生された。次に火夜織命、次に彦火火出見尊という。

一書（第八）にいう。正哉吾勝勝速日天忍穂耳尊は、高皇産霊尊の娘の天万栲幡千幡姫を娶って妃とされて、御子を生された。天照国照彦火明命という。これは、尾張連らの先祖である。次に天饒石国饒石天津彦火瓊瓊杵尊。この神は、大山祇神の娘、木花開耶姫命を娶って妃として御子を生された。火酢芹命といい、次に彦火火出見尊という。

アマテラス大神の三つの神勅について

この段の一書（第一）の「天壌無窮の神勅」および一書（第二）の「宝鏡奉祭の神勅」と「斎庭の稲穂の神勅」は後世、三大神勅と呼ばれ、アマテラス大神の重要な勅とされました。

この三つのうち「天壌無窮の神勅」はホノニニギの尊に与えられ、あとの二つはオシホミミの尊に与えられてのちにホノニニギの尊に受け継がれたものと伝えられます。

この三つの神勅が重要視されたのは、これらがいずれもアマテラス大神から直系の御子、御孫に与えられた勅であり、そしてその内容が地上の統治に関わる内容であったからでしょう。

それぞれの内容は、「天壌無窮の神勅」がアマテラス大神の子孫である歴代の天皇による地上の永遠の統治を、「宝鏡奉斎の神勅」がアマテラス大神としての「鏡」をその子孫が奉斎することを、「斎庭の稲穂の神勅」がアマテラス大神よりの神聖な「稲穂」をその子孫に委ねることを宣言しています。

すなわち、この三つの神勅は、アマテラス大神が、オシホミミの尊、ホノニニギの尊とそこから始まる歴代の天皇に地上の「統治」「祭祀」「生産」について命じたものといえます。その内容から、一書に記された神勅ではあっても後代、重要視されたと考えられます。

また、この神勅における「統治」「祭祀」「生産」の三つの機能は、ジョルジュ・デュメジルの三機能体系を想起させます。デュメジルはフランスの言語学者・神話学者で、インド・ヨーロッパ語族の社会および、それの反映である神話における統治機能は「祭祀」「戦闘」「生産」の三つに区分されると主張しました。その後、この三機能は、インド・ヨーロッパ語族のみでなく普遍的に存在するものとする論が重ねられました。日本の神話学者、吉田敦彦氏はこれを皇室の三種の神器「鏡」「剣（つるぎ）」「玉」に当てはめて神話と社会との繋（つな）がりを論じています。

けれども、ここで注意したいことは、アマテラス大神の神勅には「祭祀」「生産」はあっても「戦闘」についてのものはないということです。

吉田敦彦氏は、アマテラス大神について、戦いを望まない穏やかな性格の女神とし、さらに世界の神話においてこのような平和的な女神が神々の頂点に君臨する例はほかにない、と述べていますが、まさにそれを裏付けるような神勅のあり方といえます。生まれながらの最高神であるアマテラスは、「戦闘」にかかわる勅（みことのり）も下しませんでした。

のちに三種の神器とされるもののうちの「剣」は「クサナギの剣」ですが、ほかの神器「鏡」「勾玉（まがたま）」がアマテラス大神に由来する神器であるのに対して、「クサナギの剣」は地上のスサノヲからもたらされた宝剣であるところにも留意してください。「剣」は元来は、アマテラス大神には関わらない神器なのです。この三つの神勅は、そのようなことも示唆（しさ）しています。

第十段

海幸・山幸

「幸」とは何か

兄の火闌降命は、生まれながらにして海の幸を備えていた。弟の彦火火出見尊は、生まれながらにして山の幸を備えていた。はじめ、この二人の兄弟は話し合って「互いに幸を換えてみよう」とおおせられ、幸を交換なさった。

海の幸・山の幸というと、現代では海の魚貝、山の山菜などの食材をいいますが、ここでいう「幸」とは、海・山からの恵みそのものであり、そして、その恵みを得るための道具も指し、さらにそういう海の恵み・山の恵みを獲得するための海、山の霊威をも意味します。これらが同じ「幸」という言葉であらわされるのは、海・山での収穫物、それを得る道具、海・山の霊威が不可分の関係にあるという認識を示しています。

ですから、この二人の兄弟が備えていたという「幸」は、海・山の霊威を指しますが、交換した「幸」とは道具でした。兄の釣り針と、弟の弓矢を試みに交換して海の霊威を備えた兄が山の道具（弓矢）で、山の霊威を備えた弟が海の道具（釣り針）で獲物を得ようとした、というのが、このお話の発端です。

さて、この兄弟がなぜ海の霊威、山の霊威を備えているのかといえば、それはこの兄弟の母の属性から受け継がれたと考えられます。

父のホノニニギの尊は、アマテラスから続く天つ神としての神格をもって地上に降臨され、コノハナノサクヤヒメと結婚します。姫は、鹿葦津姫、神吾田津姫、木花開耶姫の三つの名前をもっていましたが、はじめの二つの名は九州南部の地名を含んでおり、この土地の隼人とつながる名前です。

隼人は九州南部にあって海を生活の場としている海の民です。ところが、この姫の親は大山祇神で、山を司る神です。この親神の山の神格が「コノハナノサクヤヒメ」という名にあらわれています。コノハナ（木花）とは一説に山桜とされており、山の樹木に咲く花と考えられるからです。したがって、この姫は、「隼人」の海の属性と大山祇神の山の属性の二つをその一身に備えていました。この海・山二つの属性が、二人の御子それぞれに分け与えられているのです。

また、ここに登場する兄、火闌降命（以下、ホノスソリ）と弟、彦火火出見尊（以下、ヒコホホデミ）の下にはもう一人、火明命という弟がいましたが、彦火火出見尊のこの名からは前述（160ページ）のように、この尊こそが、父ホノニニギの尊の天つ神としての神格を受け継いでいることがわかります。

兄が弟の弁償を拒絶したわけ

そうしたところ、二人とも獲物が獲れなかった。兄は後悔して、すぐさま弟にその弓矢を返し、自らの釣り針を返すように言った。しかし弟は、このときすでに兄の釣り針を海でなくしてしまっており、探す手だてもなかった。そこで、新しい釣り針をつくって、兄に渡したが、兄は受け取らず、元の釣り針を返すように迫（せま）った。

弟は困り悩んで、自らの横刀（たち）をつぶして新しい釣り針を籠（かご）いっぱいつくって差し出した。兄は怒り、「元の釣り針でなければ、どれほど多くても私は受け取らぬ」と言い、さらに弟を責めた。


海幸、山幸の御子が、自分の備えた「幸」と異なる属性の道具を使っても獲物（えもの）はとれませんでした。「幸」は、それぞれの属性をもつ御子のもとでなければ霊威を発動しないことがわかります。

ですから兄は、弟のつくった釣り針を受け取りません。海幸を備えていた兄が持っていた釣り針（海幸）には海神の霊威がこもっており、だからこその「海幸」だったからです。

弟がそれを海で失ったということは、海の霊威がこもった釣り針（海幸）が海に返されたことを意味します。海幸を失った兄は、もはや海幸を備えた御子ではありません。弟がつくった新しい釣り針は、新しく数多くとも海幸ではなく、兄が海幸を備えるには何の役にも立ちません。このため、兄は「元の釣り針を返すように」要求したのです。

わざわざ「横刀を潰して」と記すところを見ると、それまでの針は獣の骨などの針だったのかもしれません。兄の要求に応えようと、弟は金属製の釣り針を、横刀を潰してつくりました。古代にあっては、金属製品をつくるのも一つ一つが手作業です。刀一つつくるのにも多くの手間がかかっていたはずです。弟は、その貴重な横刀を潰して多くの釣り針をつくり、これを籠に盛って、これでなんとか許してくださいと兄に渡そうとしました。しかし、それは受け取ってもらえるものではありませんでした。

海の神のもとへ

このため彦火火出見尊はたいそう悩み苦しみ、海辺にさまよい出て嘆かれた。おりしも、尊は塩土老翁という神に出会われた。塩土老翁は「なぜここで、そのようにお悩みなのですか」とお尋ねした。尊がそれまでのことを話すと、老翁は「どうかもうお悩みなさいますな。あなたのために私が良い工夫をいたしましょう」と申し上げ、たちまち無目籠（目を詰めて固く編んだ竹の籠）をつくって、その中に彦火火出見尊を入れると海に沈めた。すると、その籠はひとりでに美しい浜辺に着いた。

　そこで籠を捨てて歩いていくと、まもなく海の神の宮殿にたどり着いた。その宮殿は、垣根が美しく整えられ、高楼が光り輝いていた。その門前には井戸があり、そのほとりに神聖な❖桂の木があって大きく枝葉を広げていた。彦火火出見尊は、その木の下まで歩いていって佇まれた。

❖桂の木　原文では「杜樹」。

しばらくして、一人の美しい乙女が脇の門を開けて出てきた。乙女は美しい鋺で水を汲もうとして、水に映る影に気づいて見上げ、彦火火出見尊を見つけた。そこで驚いて御殿に戻り、父母に「見知らぬお方がいらっしゃいます。門前の木の下においでになります」と申し上げた。

そこで父の海神は、何重にも敷物を敷いた座を設けて宮殿に尊をご案内し、座に落ち着かれたところで、その来訪の理由をお尋ねした。彦火火出見尊は、これまであったことをお答えになった。すると海神は、すぐさま大小の魚をみな集めてその釣り針について質問した。魚たちは口々に「わかりません。ただ赤女（赤女は鯛の名である）が最近口の病いがあって、来ておりません」と申し上げた。それで赤女を呼び寄せて、その口中を探ったところ、はたして失った釣り針があった。

ここに登場する「美しい乙女」は海神の娘、豊玉姫（以下、トヨタマヒメ）です。トヨタマヒメは、井戸の水に映る影を見て、そこにいるヒコホホデミに気づきます。トヨタマヒメが水に映るヒコホホデミの影に気づく、という展開は、この本書のみでなく、この後の一書（第一）の一説、一書（第二）、一書（第四）と、トヨタマヒメとヒコホホデミの出会いを語るバリエーションのほとんどに語られており、同様の話のある『古事記』でもトヨタマヒメの侍女（じじょ）が同じ出会いを果たしています。これは、何を意味する物語なのでしょうか。

また、ヒコホホデミが海の世界にあらわれる場面には、桂の木が登場します。ヒコホホデミは桂の木の下に立ったり（本書、一書第一）、寄りかかったり（一書第一の一説）、樹上に居たり（一書第二、一書第四）します。

すると、その姿が井の水に映るのです。水に映るという状況を考えると、樹上にいる、というのが元の話であったと考えられます。また、「水に映る影」を見たトヨタマヒメまたはその侍女）は、必ず「見上げ」てヒコホホデミを発見しています。これは、いうまでもなく水に映る影が水の上方に御子がいることを示しているからです。（この展開の登場しない第一の一書の本文でもトヨタマヒメは「上を見て」います）

整理してみましょう。ヒコホホデミは海の国に行って桂の木の上にいる、するとその影が井の水に映り、それを見つけたトヨタマヒメは見上げて御子を発見する、という流れの物語であることがわかります。

ここでの「桂の木」は上下の世界の境界をあらわす境界木とされています。上の世界（地上）から海の世界に降臨したヒコホホデミがその境界である場にいたところ、海を代表する姫に見出されて海の世界へと導かれる展開だということがわかります。

これは、前段で、天から高千穂の峰に天降ったホノニニギの状況にも似ています。海に囲まれた日本では、海と天は水平線を境に接しているように見えたことでしょう。ここの海の世界の「水」は「天」を映すものであり、この場合の「水に映る影」とは、海（水）の世界に降臨した「天」の御子を語る装置として機能しているのです。

なお、あとに出てくる一書（第三）では、ヒコホホデミとトヨタマヒメの出会いはなく、御子は海神の宮に着くとすぐに海神によって迎えられます。そのバリエーションでは「水に映る影」の物語はありません。水に映る影は、婚姻する男女の出会いを演出する語り口でもあったかもしれませんね。

海神の霊威

　こうして、彦火火出見尊は、海神の娘、豊玉姫を娶られた。そして、海神の宮殿に滞在されて三年の月日が経った。そこは、安らかで楽しいところであったが、なお故郷も想われて、時おり深くため息をつかれた。

　これを聞いた豊玉姫は、父の海神に「天孫であるあのお方は悲しまれ、しばしばため息をつかれます。もしや、故郷を想っての憂いではないでしょうか」と告げた。

　海の神はすぐに、彦火火出見尊をお呼びして、おもむろに「天孫よ、あなたがもし故郷にお帰りになりたいのであれば、私がお送り申し上げましょう」と語った。そして、先に得た釣り針を授け、「この釣り針を兄上にお返しになるときには、この釣り針に『貧鉤』とひそかに呼び掛けてから、お返しください」とお教えした。

『日本書紀』に記される神話の一つの話型として、高貴な立場の男性が、異世界に行ってその世界の娘と結婚するというものがあります。

スサノヲは天から出雲へ降りてクシイナダヒメと結婚し、アメワカヒコは天から地上に降りて下照姫（したでるひめ）と、ホノニニギは天から日向に降臨してコノハナノサクヤヒメと、そしてヒコホホデミは海神（わたつみ）の宮でトヨタマヒメと結婚しています。また、これは『古事記』の、オオアナムチが根のカタス国へ行ってスセリビメと結婚するという話とも同型です。

いずれの話もその結婚によって、結婚相手の姫もしくは姫の属する領域の霊威と権能が結婚した男性にも所属することとなる、という展開となります。男性は結婚した女性が代表する世界の霊威をその身に帯びることとなるのです。ここでも、まさにそういった展開が語られます。

さて、海幸である釣り針を海で失ったということは、海幸を海に返してしまったことを意味します。ですから海を司る（つかさどる）海神（わたつみ）は、魚を呼び集めてすぐさまこれを得ることができました。

これをそのまま兄に返せば、海幸は再び兄のものとなったことでしょう。けれども、その釣り針には「貧鉤」(貧しくなる釣り針)という負の言葉がかけられて、海幸ではなくなるのです。海の霊威がこもり、海の恵みを約束する釣り針は、このたった一言の言葉によって「貧しくなる釣り針」に変化してしまったのです。海神はなぜそのような言葉をヒコホホデミに教えたのでしょうか。ここには、あとで述べるある意図が潜んでいます。

なお、これは、古代の日本において、口に出す言葉の「力」がいかに重くみられていたかを示すエピソードでもあります。

また、潮満瓊(潮を満たす霊威ある玉)と、潮涸瓊(潮を干かせる霊威ある玉)を授け、「潮満瓊を海水に漬ければ潮はたちまち満ちてきます。これで兄上を溺れさせなさい。もし兄上が悔いて、助けを求めたならば、潮涸瓊を海水に漬ければ潮は自然と引くので、それで兄上をお救いなさい。このように苦しめたならば、兄上はみずからあなたに従うでしょう」とお教えした。

この潮満瓊、潮涸瓊は、潮の干満を自由にコントロールする宝珠で、この宝珠の力はまさに海の神の霊威であり、権能といえます。海の神の権能は、もともとは海幸を備えていた兄にあったはずですが、この権能は山幸を備えている弟に与えられることになります。そして、その権能は、釣り針のみを「海幸」として所有していた兄に比べて著しく増大しており、弟は、兄も持たなかった潮の干満を制御する力をも備えることになります。それは、この弟、ヒコホホデミが天孫ホノニニギの正統な継承者である上に海神の娘と結婚したからと考えられます。

かくして、海神の権能は、その娘の夫となったヒコホホデミに受け継がれ、兄ホノスソリはもはや海幸を備えた者ではなくなりました。だから海神は、兄の釣り針の海幸としての霊威を消去してしまったのです。

豊玉姫の懐妊、兄の服従

お帰りになるときになって豊玉姫は天孫に申し上げた、「私はすでに懐妊しております。出産はまもなくでございましょう。私は必ず、風速く波の激しい日を選んで海辺に参ります。どうか私のために産屋をつくってお待ちください」と。

彦火火出見尊は地上の宮に戻り、海神の教えに従った。そうしたところ、兄である火闌降命はたいへん苦しみ、たちまち降伏して「これからは、私はあなたのための❖俳優となろう。どうかあたたかい心で私を生かしてほしい」と申し入れた。尊は兄の願いを許した。この火闌降命は阿多君小橋らの祖先である。

トヨタマヒメの発言「風速く波の激しい日を選んで」は興味深いですね。これが人間であれば風波の穏やかな日に海を渡るところでしょう。風速く波激しい海は、人ではなく神の時空といえます。海神の娘トヨタマヒメもまた海神の属性をもつ存在であることをあらわす表現です。

さて、このエピソードは、ホノスソリすなわち阿多の君の祖先がヒコホホデミに服

❖俳優　人を楽しませる演技・所作をその職業とする者。

従した経緯を語っています。阿多の君とは、九州西南部を本拠地としていた「隼人」と呼ばれた人々を指しますから、これは隼人の民が皇室に服従する起源を語る話となっています。

ここでは、隼人の民の服属は、天孫ホノニニギの子供たち、ホノスソリとヒコホホデミの「幸」交換とその結果に由来すると語られています。元来、兄弟であり、それぞれが海と山の霊威を備えて、いわば同等であった兄ホノスソリと弟ヒコホホデミは、弟が海神の宮を訪問してトヨタマヒメと結婚することによって同等ではなくなり、海と山の霊威は共に弟に属するものとなりました。その結果、兄は弟に臣下として服従することになるのです。

◆「統合」――日本古代の支配の思想

この話で面白いのは、隼人の祖先と皇室の祖先とが同じ父母から生まれた兄弟とされていることです。隼人服属の起源をただ語るだけなら、その祖先を皇室の祖先の「兄」とする必要はなく、別々の氏族であったとしても、たとえば友人や知り合いとして互いがそれぞれの道具の交換をし、同様の展開の物語を語って、服属の由来とすることは可能だったはずです。しかし、ここでは隼人の祖先は皇室の祖先の「兄」とされています。ここには深い理由があると思われます。

日本古代の神話、伝説においては、敵対したり、その存在に葛藤を抱える相手との関係を語る場合、これを排除したり殲滅したりせず、系譜上でその血筋と統合するということがしばしば見られます。（例えば、出雲の臣の祖先の天穂日命がアマテラス大神の御子オシホミミの弟と位置付けられていること、また、高天原の主宰神アマテラス大神と根の国の主神スサノヲが姉弟とされていることもその例と考えられるでしょう）

そこには、それが最善の方法であるという考え方があったに違いありません。排除してしまえば、その場はシンプルに支配に成功するかもしれませんが、敵対する勢力の抱えている人的資源もまた失われてしまいます。また、長く遺恨を抱える可能性もあったでしょう。けれども、元々われわれは同じ血筋で兄弟姉妹だったのだという形で統合していく道を選べば、その勢力の血筋は統治する側と同等のものとして尊重される形となり、その人々を活かす形にもなったのではないでしょうか。

ですからここでは、皇室と隼人の民が元を辿れば同じ血筋の兄弟だったということが、とても重要なポイントになるのです。隼人の祖先もまた天つ神の御子である父と山神の娘である母の間に誕生した御子であったとすることで、その血筋は尊いものとされます。排除するより、よほど実務的、効率的な方法だったことでしょう。これは、日本古代の支配の理念であり、異なるもの、対立するものを統合する思想であったと考えられるのです。

豊玉姫の出産と別れ

　のちに豊玉姫（とよたまひめ）は以前の約束のとおりに、妹の玉依姫（たまよりひめ）を連れて風波の中をまっすぐに海辺までやって来た。出産に臨（のぞ）むときになるとお願いして「私が子を産むときには、どうかその姿を見ないでください」と申し上げた。しかし天孫は我慢できずに、ひそかにうかがい見てしまわれた。豊玉姫（とよたまひめ）は出産の間、龍（りゅう）に化身（けしん）していた。

　姫は見られたことをたいへん恥（は）じて「もしも、私に恥をかかせなければば、海と陸とは通い合い、その間が永久に断たれるということはなかったでしょう。今、あなたは私を辱めました。どうしてあなたと私、陸と海との睦まじい心を結べましょう」と申し上げ、草で子供を包むと海辺に捨て置き、海の道を閉じてたちまち去ってしまった。

　トヨタマヒメは出産に際して「龍」に化身します。これは、実はこの本書だけのエピソードで、他のバリエーション、すなわち、一書（第一、第三）および『古事記』では、出産するトヨタマヒメは「八尋の巨大な鰐」に化身しています。「鰐」とはありますが、おそらくそれは鮫または鱶と思われます。
　さて、なぜ『日本書紀』の本書だけが、これを「龍」としたのでしょうか。それは中国大陸の文献によるところが大きいでしょう。「龍」は神獣であり、天子の象徴ともされていました。ですから、第十段の本書では、古代日本で海神と考えられていた「ワニ（鮫）」ではなく、東アジア標準での天子の象徴である「龍」に改変したと考えられます。それがほかのバリエーションではすべて「鰐（鮫）」とされているのは、元来のトヨタマヒメの出産の姿が、日本の海神「ワニ」でイメージされていたからでしょう。

また、ここでトヨタマヒメが天孫ヒコホホデミにその姿を見ないように戒（いまし）めるエピソードは、神話学、文化人類学では「禁室型」あるいは「メルシナ（メリュジーヌ）型」といわれる話型です。

「禁室型」とは、ある部屋や空間の中を見ることを禁じるという話で、イザナキの黄泉（よみ）の国（くに）訪問（第五段一書 第六・第十）もこのカテゴリーに入ります。メルシナ型は、特に見られることを禁じる主体が女性で異類の本態をもつ、という特徴があります。いずれの場合も、妻に見ることを禁じられた夫は、この禁止を守ることができずに見てしまい、夫婦は別離します。この段の物語は、その結末として、海への道が閉じられて、海と地上との自由な行き来は不可能となったという、海陸分離の起源譚（たん）ともなっています。禁室型（メルシナ型）の話型は、この海陸分離の結末を導くための物語装置といえます。

このようなわけで、この御子は彦波瀲武鸕鷀草葺不合尊と名づけられた。

彦波瀲武鸕鷀草葺不合尊（以下、ウガヤフキアエズ）とはなんとも不思議な名前で、その名の意味は、「渚にて鵜の羽で屋根を葺くのが間に合わぬうちに生誕した勇ましい男子の尊」です。

『日本書紀』のこの段の一書（第一、第三）や『古事記』ではそのあたりの事情がよくわかる次のような書き方をしています。

ヒコホホデミは、トヨタマヒメに頼まれて、産屋をつくる。海辺のこととて鵜の羽で屋根を葺いていたところ、姫は急に産気づいて、屋根が完成しないうちに産屋に入る。そのときに「私の出産の姿を見ないように」と言う。それは、産屋の屋根をまだ葺き終えていないので、その中は覗き見ることができるからで、産屋が未完成であった状況がよく説明されています。

ところが日本書紀の本書には、産屋がまだ完成していないことは記されず、しかもトヨタマヒメは事前に、私は子供がもうじき生まれるので海辺に産屋を建てておいてくださいとヒコホホデミに頼んでいます。それなのに、名前だけウガヤフキアエズ（鵜の羽で屋根が葺き終えていない）になっているのは、頼んでおいたけれどもまだその屋根を葺き終えないうちにトヨタマヒメがやって来て産気づいた、ということを、この御子の名前一つで表現しているようで、どうも説明不足の感が拭えません。

しかし、この段の一書には、これの経緯がわかりやすく記されています。ですから、本書がこの名のみを記載して産屋未完成の説明を省略している背景には、一書の内容がすでに知られている話として了解されていたことが想像できます。日本書紀神代の巻における一書は、本文を補足するものとしても、なくてはならないものだったかもしれません。

長い時ののち、彦火火出見尊は崩御され、日向の高屋山上陵に葬り申し上げた。

この段の本文はここで終わりです。ここでいう「長い時」は、次の巻の神武天皇のはじめに、その具体的な長さが記されます。

別伝 1 4編

一書（第一）にいう。兄の火酢芹命は海の幸を得る力を持ち、弟の彦火火出見尊は山の幸を得る力をお持ちであった。あるとき、この兄弟は互いに幸を換えたいと思われた。そこで兄は、弟の山幸である弓を持って山に入り、獣を探したが、その乾ききった足跡すら見つけられなかった。弟は兄の海幸である釣り針を持って海に行き、魚を釣ろうとしたが少しも釣れず、そればかりかとうとうその釣り針を失くしてしまった。

兄が弟の弓矢を返し、自分の釣り針を返すように言うと、弟は悩んで、自分の帯びている太刀をつぶして釣り針をつくり、籠一杯に盛って渡そうとした。しかし、兄は受け取らず「私は自分の釣り針が欲しいのだ」という。

そこで彦火火出見尊は、探すところもわからず、ただ悲しみ呻くだけであった。そして浜辺をさまよい嘆いた。そこへ、忽然と一人の老翁があらわれ、みずから塩土老翁と名のった。

そして「あなたはいったいどなたでしょうか。なぜ、ここで悲しんでいらっしゃるの

解説▼

ですか」と問いかけた。彦火火出見尊は事の顛末をつぶさに語られた。

老翁が袋の中から黒い櫛を取り出して地面に投げると、多くの竹が生えた竹林があらわれた。その竹を取って、大目麁籠（目の粗い大きな籠）をつくってその中に火火出見尊を入れて海に投げ入れた。一説には、無目堅間（目の詰まっている籠）で筏をつくり、そこに火火出見尊を細縄で結わえ付けて沈めた、という。堅間というものは今の竹籠である。

ここでは、本文の内容がより詳しく説明されています。そして、本文にない情報として、ヒコホホデミの乗る籠の材料である竹が、塩土老翁が投げた櫛からあらわれた竹林から採られたことが書かれています。

櫛と竹の関係は、第五段一書（第六）で、泉津醜女に追われたイザナキが櫛を投げたところ筍が生えたとする記述にもあらわれています。おそらくは櫛の材料の一つとして竹が用いられていたからでしょうが、興味深い一致ですね。

竹は南方から九州に伝えられたといわれる植物で、九州出身の隼人が平城京で竹器制作に従事していたという文献や考古学的な発掘資料もあります。ここで、竹林や竹製の籠が語られるのは、九州の地のそういった生活に根ざした習俗が関係しているのでしょう。

海の底に行くと、そこには美しい浜辺があった。その浜辺に沿って進んでいかれたところ、たちまち海神豊玉彦の宮殿に至った。

解説▼

宮殿には、門が高々とそびえ、その高楼は壮麗であった。門の外には井戸があり、そのほとりには桂の木があった。

そこで木の根元に立っていたところ、しばらくして一人の美しい女性が出てきた。絶世の美貌であった。この女性に従って大勢の侍女も宮殿の中から出てきて、美しい壺で水を汲もうとした。このとき、女性は上を見て火火出見尊を見いだした。

女性は驚いて宮殿に戻り、その父神に申し上げた。「門の前の井戸のほとりの木の下に尊いお客人がいらっしゃいます。その人相から見て、ただのお人ではございません。もし天から降ったお方であれば天人らしいご様子が、大地からいらしたお方であれば地の人らしいご様子があるはずです。ですが、あの方は妙なる美しさをお持ちです。✣虚空彦というお方ではないでしょうか」。

一説には、豊玉姫の侍女が、美しい瓶で水を汲もうとしたが、水をいっぱいに満たすことができなかった。井戸の中を覗き込むと、微笑んでいる人の顔がさかさに映っていた。そこで上を見ると、ひとりの麗しい神が杜の木に寄りかかっていた。それで宮殿に戻ってお仕えする王に申し上げた、という。

ここでは、「豊玉彦」という海神の名が登場します。その娘は豊玉姫ですから、ここは父娘でヒコヒメの名を分け持っています。

また、女性が発した「もし天から降ったお方であれば天人らしいご様子が、大地からいらしたお方であれば地の人らしいご様子があるはずです」は、原文の読み下しでは「も

✣虚空彦　空は、天でもなく地でもない、その中間の領域を指す。「虚空彦」には「虚空」という字が当てられ、古事記も「虚空津日高（ソラツヒコ）」と呼んでいる。

し天より降（くだ）れらば天垢（てんのあか）あるべし。地より来たれらば地垢（ちのあか）あるべし（若従天降者、当有天垢。従地来者、当有地垢）」と記されていて、直訳すると「天から降りてきたのなら天の垢があり、地からやって来たのなら地の垢があるはず」という意味になるところで、天と地から来たのであれば、天と地の「垢」があるはずという表現が面白いところです。

「垢」には「あか」という意味のほかに「汚れ」「濁り」「塵（ちり）」などの意味があります。「地」はともかく「天」にも「垢」があるという発想も興味深いですね。

この発話は続けて「まことに妙なる美しさをお持ちで、虚空彦（そらつひこ）というお方か（実是妙美之。虚空彦者歟）」として、天の垢も地の垢もない、不思議な美しさをおもちの方で、おそらくソラツヒコというお方ではないか、と姫に語らせています。「ソラ」とは、天と地の間の空間を指す語で、ここでは天にも地にも属さず、そのどちらでもない存在を「妙なる美をもつ」としてほめたたえているのです。ヒコホホデミは天でもなく地でもない「ソラ」の所属であるから不思議に美しいというのです。このヒコホホデミの孫が第一代の天皇であることを考えれば、ここには、天皇とは、天と地のどちらにも所属せず、あるいはそのどちらの属性をも併（あわ）せもつがゆえに、天にも地にもない尊さをもつという思想が語られていると思われます。

豊玉彦は人を遣わして「客人よ、あなたはどなたか。何故（なにゆえ）ここにおいでになったのか」と尋ねた。火火出見尊（ほほでみのみこと）は「私は天つ神の子孫である」と答え、来訪のわけをお話しになった。これを聞いた海神はお迎えに出て拝礼し、宮殿に迎え入れて丁寧にお仕えして、もてなされた。そして娘の豊玉姫を妻として娶わせた。こうして、尊が海神の宮に滞在して三年が経った。

あとになって、火火出見尊はしばしば溜息をつくようになった。豊玉姫が「天孫よ、あなたは故郷にお帰りになりたいのではありませんか」と尋ねると、「そうなのだ」とお答えになった。豊玉姫は、すぐさま父神に「ここにおいでの尊いお客人のあの方は、上の国に帰ることをお望みです」と告げた。

このトヨタマヒメの発言では、ヒコホホデミの故郷を「上の国（上国）」といいます。地上世界は、海の世界から見て垂直的に上方の国と考えられていたことがわかります。『古事記』でも同様の文脈で海から見た地上を「上国」と呼んでいます。

そこで海神は、海の魚をすべて集めて、例の釣り針について尋ねた。すると、ある魚が「赤女〔ある伝えでは、赤鯛だという〕が長らく口の病いに罹っています。もしや、これが呑んだのかもしれません」と答えた。そこですぐに赤女を呼んでその口を見たところ、その釣り針が口に残っていた。海神はこれを取って彦火火出見尊に差し上げた。

そして、お教えして「この釣り針をあなたの兄上に与えるときには、『貧窮の本、飢饉の始め、困苦の根』と、そう呪い言してから与えますよう。また、兄上が海を渡るときには、私が必ず疾風や大波をたてて溺れさせ苦しめます」と申し上げた。こうして、

2　解説▼

火火出見尊を大鰐（鮫）に乗せて故郷にお送り申し上げた。

　これより前のこと、お別れしようというときに豊玉姫は静かに語った。「私はすでに懐妊しております。風と波の強い日を選んで海岸に出てまいりますので、どうか私のために産屋をつくってお待ちください」。

　その後、豊玉姫はこの言葉のとおりにやって来た。そして火火出見尊に「私は今夜出産いたします。どうかその姿を見ないでください」と申し上げた。しかし火火出見尊はこれに従わず、櫛に火をともして見てしまわれた。このとき、豊玉姫は八尋の巨大な鰐となって這いずりうねっていたのだった。姫は姿を見られて辱しめられたことを恨んで、たちまち海の国に帰ってしまわれたが、妹の玉依姫は地上に留めて、生まれた御子を養育させられた。

　この御子の名を彦波瀲武鸕鷀草葺不合尊とお呼びするわけは次のようである。その海辺の産屋はすべて鵜の羽を葺き草としてつくったが、その屋根を葺き終えないうちに、御子がお生まれになってしまった。それにちなんで名づけたという。

　ここでは、ウガヤフキアエズの名の由来が詳しく語られています。

　一書（第二）にいう。門の前に良い井戸があり、そのそばに枝が盛んに茂っている桂の木があった。そこで彦火火出見尊は木に跳び上って登ると、その枝にお立ちになった。おりしも海神の娘、豊玉姫が美しい鋺をたずさえ来て水を汲もうとし、井戸の水に映る人影を見た。そして上を仰ぎ見、尊を見つけて驚いて鋺を落としてしまった。
鋺は砕け散ったが、かまわず宮殿に入っていって父と母に「井戸のそばの木の上にひとりのお方がいらっしゃいます。お顔はたいへん美しく、そのお姿もたいへん雅やかでございます。とうていただのお人ではございません」と告げた。

これを聞いた父神は不思議に思われて、何重にも敷物を敷いてお迎えした。座に落ち着かれてから海神が来訪のわけを問われると、尊はその事情をつぶさにお答えになった。海神はこれに同情し、大小すべての魚を呼んで釣り針のことを尋ねた。すると、魚たちは皆「知りません。ただ赤女だけが、口の病いがあって来ておりません」と言った。また、❖「口女に口の病がある」ともいう。

そこで、すぐさま呼んで来させてその口を探ってみたところ、失った釣り針がたちまち見つかった。そこで海神は口女に禁じて言われた「おまえ、口女よ、今から先、釣り針の先に付けられた餌を食ってはならぬ。また、天孫の御膳に進むこともならぬ」と。口女を天皇の御膳に献上しないことにはこのような由来がある。

彦火火出見尊がお帰りになるとき、海神は「このたび、天つ神のご子孫がかたじけなくも私のところにおいでになりました。この慶びは、いつまでもけっして忘れませぬ」と申し上げた。そして「思えば潮溢瓊」と「思えば潮涸瓊」を釣り針にそえて「皇孫よ、幾重もの曲がり角、長い道のりによって隔たるとも、どうか時には思い出してください。どうか私たちを捨て置かれませぬように」と申し上げ、「この釣り針を兄上にお渡しにな

❖ 口女　一書（第四）によれば鯔のこと。

るとき、貧鉤、滅鉤、落薄鉤と唱え、そう言い終わったら、❖後ろ手に投げ捨ててお渡しください。向かい合ってお渡しにならないように。もし兄上が怒ってあなたを害する心になったら潮溢瓊を出して溺れさせ、もしすっかり苦しんで助けを求めたら潮涸瓊を出してお救いなさい。そのようにせめ苦しませれば、兄上はみずから従うことでしょう」とお教えした。

　彦火火出見尊は、その瓊と釣り針を受け取って地上の宮にお帰りになった。そして海神の教えのとおりに、まず釣り針を兄に渡すと、兄は怒って受け取らなかった。そこで弟が潮溢瓊を出すと潮が満ちあふれて兄は溺れ、「私はあなたに仕えて下僕となる。だから、どうか助けてほしい」と言った。弟が潮涸瓊を出すと潮はおのずと引いて兄は平常に戻った。

　すると兄は前言を翻して「私は兄だ。どうして兄が弟に仕えられようか」と言った。このとき、弟がまた潮溢瓊を出したのを見て、兄は走って高い山に登った。潮はたちまち山を呑み込んだ。兄はそこで高い木に登ったが、潮はさらにその木も呑み込んだ。兄は追いつめられて逃げ場を失ってしまった。そしてとうとう降伏して「私がまったく間違っていた。これから先、私の子孫代々の時代までいつまでもあなたの俳人〔一説に、狗人〕となろう。どうか助けてほしい」と言った。そこで弟が潮涸瓊を出したところ、潮はたちまち引いていった。

　兄は、弟が神の威徳をもつことを悟って、とうとう弟に従うこととなった。こうして

❖後ろ手に投げる　呪いが自分に降りかからないように、という意味がある。

火酢芹命(ほのすせりのみこと)の末裔(まつえい)である多くの隼人(はやと)等は、今に至るまで天皇の宮垣の傍(そば)を離れずに、代々吠(ほ)える犬の演技をしてお仕(つか)えすることとなった。今の世の人が、失くした釣り針を返すように言わないのには、このような由縁(ゆえん)がある。

解説▼

この話（第二の一書）には、トヨタマヒメの結婚と出産のモチーフがありません。

ここでは、隼人の「吠声(はいせい)」の由来が語られています。隼人(はやと)は「吠える犬の演技」をしたと伝えられています。『延喜式(えんぎしき)』によれば、隼人は、大嘗祭(だいじょうさい)などの宮中の儀式の日に「吠声」を発することが定められています。「吠声」は、その声にこもる呪力で邪気を払うものであったと考えられています。

3

一書（第三）にいう。兄の火酢芹命(ほのすせりのみこと)は、海の幸(さち)を得ることができたので海幸彦といい、弟の彦火火出見尊(ひこほほでみのみこと)は、山の幸を得ることができたので山幸彦といった。

解説▼

「海幸彦」、「山幸彦」という名はここで初めて登場します。

兄は、風が吹き雨が降れば、いつも収獲がなかったが、弟は風が吹き雨が降っても、変わらずその幸(さち)を手に入れることができた。

そこで兄は弟に「私は、あなたと幸を交換してみたい」と言った。弟はこれを承諾して幸を交換した。

兄は弟の弓矢を受け取ると山に入って獣(けもの)を狩(か)り、弟は兄の釣り針を受け取ると海に行って魚を釣った。しかし、二人はともに海の幸、山の幸を得ることができずに空しく帰ってきた。

兄は弟に弓矢を返して、自分の釣り針を返すように言った。ところが、弟は兄の釣り針を海に失っていて探しようもなかった。そこで弟は新しい釣り針を数千本つくって渡そうとしたが、兄は怒って受け取らず、もとの釣り針を返すようにと責めたてた。云々（以下略）。

弟が海辺でさまよい苦しんでいたところ、川鴈が罠に掛かって苦しんでいた。弟はこれを憐れと思い、罠をはずして放してやった。しばらくして塩土老翁がやって来て、無目堅間の小船（目の詰まった竹籠の小舟）をつくって火火出見尊をそれに乗せ、海中に押し出すと小舟は沈んでいった。

すると突如として美しい道があらわれた。この道の導くままに進んでいくと、舟はひとりでに海神の宮にたどり着いた。ここに、海神は自ら出迎えて、宮殿の中へ招き入れ、アシカの皮を幾重にも敷いてその上にお座らせした。そして、多くの机に載るたくさんのご馳走を用意して、主人としての礼儀を尽くした。そしておもむろに「天つ神のご子孫よ、いったい何故かたじけなくもおいでになったのですか」と尋ねた。一説には、「このごろ私の子が『天孫が海辺で悲しんでいらっしゃるといいますが、真偽がわかりませぬ』といいます。もしや、そのようなことがあったのでしょうか」と尋ねた、という。

彦火火出見尊は事の顛末をつぶさに語った。そしてそのまま留まられ、海神は、娘の豊玉姫を妻として娶せた。尊は姫を睦まじく寵愛なさって三年を過ごされた。やがて帰られるときになると、海神は鯛女を呼び、その口を探って釣り針を得た。この釣り針を彦火火出見尊に献上して「これを兄上に与えるときには『大鉤（ぼんやりする釣り針）、踉蹡鉤（慌てる釣り針）、貧鉤（貧しくなる釣り針）、癡騃鉤（愚かになる釣り針）』と唱えて、後ろ手で投げてお渡しください」とお教えした。

そして鰐を呼び集めると、「今や天つ神のご子孫がお帰りになる。おまえ達は幾日でお送りできるか」と尋ねた。鰐たちは、それぞれ自分の体の長さで日数を決めて答え、その中の一尋鰐は「一日の内にお送りいたします」と申し上げた。そこで、一尋鰐に命じて地上にお送り申し上げた。

それから海神は、二つの宝物、潮満瓊、潮涸瓊を献上して瓊の使い方をお教えした。また、「兄上が高い所に田をつくったら、あなたは低い所に田をつくり、兄上が低い所に田をつくったら、あなたは高い所に田をつくってください」とお教えした。海神は、このように誠を尽くしてお助けしたのであった。

彦火火出見尊はお帰りになり、海神の教えのままにすべておこなった。すると、火酢芹命は日々にやつれていき、嘆いて「私はすっかり貧しくなった」と言って弟に降伏した。弟が潮満瓊を出せば、兄は手を挙げて溺れ苦しみ、逆に潮涸瓊を出せば、元通りになった。

これより前に、豊玉姫は天孫に「私は懐妊しております。けれど天孫の御子をどうして海の中で産めましょう。出産のときには、必ずあなたのお側に参ります。どうか私のために海辺に産屋をつくってお待ちください。これが私の願いでございます」と申し上げていた。

　そこで、彦火火出見尊は故郷にお帰りになると、鵜の羽で葺いて産屋をつくった。ところがまだ屋根を葺き終えないうちに、豊玉姫が大きな亀に乗って妹の玉依姫を連れ、海を輝かせてやって来た。このとき、姫は臨月となって産むときが迫っており、屋根が葺き終わるのを待たずに、すぐに産屋にお入りになった。そして静かに天孫に申し上げた。「私は今まさに出産いたします。どうかその姿を見ないでください」と。天孫がその言葉を不思議に思ってひそかに覗き見ると、姫は巨大な八尋の鰐に化身していた。そして、天孫が覗き見たことを知ってたいそう恥ずかしく思い、またお恨みした。御子が生まれてのち、天孫が近づいて「子の名を何と名づけたらよいか」とお尋ねになると、お答えして「彦波瀲武鸕鷀草葺不合尊と名づけるのがよろしいでしょう」と申し上げた。

　そう言い終わると、そのまま海を渡って去ってしまわれた。このとき、彦火火出見尊は歌われた。

　沖つ鳥　鴨著く島に　我が率寝し　妹は忘らじ　世の尽も

（沖の鳥、鴨の飛び来るあの島で、共寝した我が妻、あなたのことはけっして忘れない、この世に私が生きてある限り）

　また、このようにいう。彦火火出見尊は、婦人たちを呼びよせて、乳母（乳を与える婦人）、湯母（湯を与える人）、飯嚼（飯をよく噛んで食べさせる人）、湯坐（入浴させる人）とし、こうしたもろもろの御子養育の部の民を定めて皇子を養育された。このとき、母の代わりに他の婦人の乳で皇子を育てた。これが、今の世で乳母をもって子を養う由縁となったのである。

のちに豊玉姫は、その御子が端正で美しいと聞き、たいそう愛しく思われて、ふたたび地上に戻ってご自分で育てたいと思われた。しかし、それは理においてはかなわぬことであった。そこで、妹の玉依姫を遣わしてお育てすることとした。

このとき、豊玉姫は玉依姫に託してお答えの歌を献上した。

赤玉の　光はありと　人は言えど　君が装し　貴くありけり

（赤玉は光り輝くと人は言うけれど、私にはあなたさまのお姿こそが尊いものでございました）

この一書では、「幸」の交換を言い出したのは、兄だと伝えられます。また、釣り針を失った弟が川雁を助けたというモチーフも新たな要素として登場します。

また、海神が田をつくる場所を「高いところ」「低いところ」と教えていますが、農耕のモチーフは『日本書紀』第十段ではここで初めて登場します。これだけではなぜヒコホホデミの助けになったのか、その理由が判然としませんが、『古事記』の同様のエピソードをみると、海神は田の水をも制御するために水田の水をヒコホホデミに都合の良いように供給したことがわかります。すなわち、このエピソードは、海神は海水だけではなく淡水も制御すると述べて、海神の霊威は稲作農耕をも左右するものであることが語られているのです。

さらに、トヨタマヒメが亀に乗って地上にやって来ることも、本書や他の一書にはないエピソードです。海神の使いとしての「亀」は、日本の浦島伝説のさきがけとなった『丹後国風土記逸文』などに登場しますが、『日本書紀』のこの部分にも記されています。

また、ウガヤフキアエズの命名は母親トヨタマヒメによってなされたことが語られています。これは、出生した子の命名権が母親にあることを示しており、母系制または母権制の名残りといえるかもしれません。

なお、終わり近くに伝えられる「また、このようにいう」では、母のいない皇子を育てるための乳母以下の婦人たちを任命したことが語られており、これは、皇子養育のための「乳母」の起源とされています。

4

一書（第四）にいう。兄の火酢芹命は山の幸利を得、弟の火折尊は海の幸利を得た。云々（以下略）。

弟が憂い嘆いて海辺をさまよっていたとき、塩筒老翁に出会った。

老翁が「なぜそのように憂いに沈んでおいでなのか」とお尋ねすると、火折尊はそれに答えられた。云々（以下略）。

老翁は「もうそのようにご心配なさいますな。私がうまく取りはからいましょう」と申し上げ、「海神の乗る駿馬は八尋の鰐です。これは、背びれを立てて橘の小戸におりますので、私がその鰐とともに策を練りましょう」と申し上げた。そうして火折尊をお連れして行って八尋鰐と会った。

　このとき、鰐は考えて申し上げた。「私は、天孫を八日後にはたしかに海神の宮にお連れできます。ただし、我が王の駿馬は一尋の鰐で、これは一日で必ずお連れするでしょう。彼に出て来させます。どうかそれに乗って海にお入りください。海に入ると海中に美しい浜辺がございますので、その浜辺に沿って進んでいらっしゃると、必ずわが王の宮殿に到着するでしょう。その宮殿の門の井戸の傍らには神聖な杜の木があります。その木の上にのぼってお待ちください」と。そして、言い終わると海中に去った。

　そこで天孫が鰐の言うままにその場で八日を待ったところ、本当に一尋鰐がやって来た。これに乗って海の中に入り、ことごとくはじめの鰐の教えに従われた。

　すると、そこに豊玉姫の侍女が来た。侍女は美しい鋺を持ち、井戸の水を汲もうとしたが、水底に人影を見て水を汲めず、上を見て天孫を見つけた。侍女は急ぎ宮殿に戻ると、海神に「私は、わが王こそがただ一人すぐれて美しい方と思っておりました。けれど今、一人の客人がおいでです。この方のほうがずっと勝っているのです」と告げた。海神はそれを聞いて「お会いしてみよう」と言い、三つの敷物を準備して天孫を招き入れた。すると天孫は、いちばん外側の敷物の上で両足を拭い、中の敷物で両手を押さえ、そしていちばん内側の床では、その真床覆衾の上にゆったりとお座りになった。海神はそれを見て、このお方がまさに天つ神のご子孫だと悟り、ますます崇め敬った。云々（以下略）。

海神が、赤女と口女を呼んで尋ねたところ、口女が口から釣り針をとり出して献上した。赤女とは赤鯛であり、口女とは鯔である。海神はその釣り針を彦火火出見尊（ここでは、火折尊のこと）に授けて次のようにお教えした。「兄上にこの釣り針をお返しするときには、『あなたの子孫代々は、貧鉤（貧しくなる釣り針）・狭狭貧鉤（狭く小さく貧しくなる釣り針）』と唱え、唱え終わったら、三度❖唾を吐いて与えなさい。また、兄上が海で釣りをするときには、天孫も海辺にお出でになって風招（風を呼ぶ術）をしてください。風招とは嘯（口笛）のことです。そうなされば、私が、沖の風、浜辺の風を起こし、荒波を立てて兄上を溺れさせ苦しめます」。

火折尊は帰って来て、つぶさに海神の教えに従った。そして兄が釣りをする日になると、弟は海辺に座って嘯いた。このときたちまち疾風が起こり、兄は溺れて苦しみ、生きのびる手立てもなくなった。そこで遠くから弟に懇願した。「あなたは長らく海原にいたから、必ず何か良い術を知っているだろう。どうか私を助けてほしい。もし私を生かしてくれるのであれば、私の子孫代々はあなたの宮垣を離れず、俳優の民となろう」。

弟が嘯きをやめたところ、風もまたおさまった。兄は弟の威力を知って降伏しようとしたが、弟は怒って口もきかなかった。そこで兄は褌をして、赤土を自分の手のひらと顔に塗り、弟に「私はこのように身を汚し、そしてずっとあなたの俳優となろう」と言って、足を上げ踏み歩いて、海で溺れ苦しんだありさまを演じた。はじめに潮が足を浸す

❖唾を吐く　ここでは一種の呪いの行為。

ときにはつま先立ちの格好をし、潮が膝まで来るときには足を上げ、股まで来るときには走り回り、腰まで来るときには腰を擦り、腋まで来るときには手を胸に置き、首まで来るときには手を挙げて手のひらをひらひらとさせた。以来今に至るまで、この演技は絶えることがない。

これより前のこと、豊玉姫がやって来て子を産もうとなさったとき、皇孫に申し上げるには、云々（以下略）。皇孫は従わず、豊玉姫はおおいにお恨みして「あなたは私の言葉を聞き入れず、私に恥をかかせました。今後、私の使いがあなたのもとに行ったなら、その者を帰してはなりません。あなたのお使いが私のもとに来たなら、やはり帰しません」と申し上げた。

そしてついに真床覆衾と草で、生まれた御子を包んで渚に置くと、海に入って去ってしまわれた。これが海と陸が断絶した由縁である。

一説には、御子を渚に置いてはならないとして、豊玉姫はみずから御子を抱いて去られた。時がたって「天孫の御子をこの海中に置いてはならない」とおっしゃり、玉依姫に託して送り出された、という。

はじめ豊玉姫が別れ去るときには、恨み言を切々と申し上げていた。そこで火折尊は、もう会うことがないのだと悟られて、歌を贈られた。それが先ほどの歌である。

最後の第四の一書では、ヒコホホデミは「ホノオリ」として登場します。この名は『古事記』での呼び名「ホオリ」とも近いですね。また、鰐が海神の乗る駿馬として登場し

❖ 演技　隼人舞の所作といわれる。
❖ 先ほどの歌　一書（第三）の末尾の歌。一書それぞれが関連していることを物語る。

ます。ホノオリを海中にお連れするのも鰐です。「背びれを立てて」とあるところから、これが爬虫類の鰐ではなく、鮫、鱶の類の海の魚類であることがわかります。

注目すべきは、海神が用意した敷物の中に「真床覆衾」があり、ホノオリがそこに坐ると海神はホノオリを天つ神の子孫と悟ったとしている記述です。真床覆衾は、天孫ホノニニギが地上に降臨する際に包まれていたものですから、ホノオリがまさしく天つ神の子孫であることがそこで証明されます。この一書ではトヨタマヒメの生んだ御子もまた真床覆衾に包まれたと語っています。

また、ここでは兄が海で溺れたありさまを演じて弟に見せたことが述べられています。これは本文や他の一書にはない記述で、これが「隼人舞」の由来であるとする説があります。「隼人舞」とは、奈良時代、畿内に移住した隼人が大嘗祭などの宮中儀式の場で行った舞で、隼人の服属を示すものであるとともに、隼人の呪力、霊威をあらわすといわれています。

なお、この一書では、ホノオリに恥を与えられたトヨタマヒメが海へと去るときの言葉をもって海の世界と陸の世界とが交通できなくなるという海陸分離の神話が、本書よりもいっそう明確に語られています。

◆山海の力と火水の霊威を身につけた御子

神代巻第十段は以上のように、失われた釣り針をきっかけとして海の世界に行くことになったヒコホホデミが、海神の娘、トヨタマヒメと婚姻を結んだ経緯が語られています。比較的シンプルに記された本書を補うように四つの一書が多彩な情報を伝えており、それぞれは関連付けられて、結果として立体的な物語が構成されています。

前段、第九段では降臨したホノニニギが山の神の娘と婚姻を結び、山の権能がその御子に受け継がれるとともに、その御子には火中出産を通して「火」の霊威をも付与されたことが語られました。

ここでは、それに対応するようにヒコホホデミの海の世界への降臨と、海神の娘との婚姻を通して海の権能が与えられると同時に、農耕とも深く関わる「水」の霊威を獲得したことが語られています。

かくして、天から降臨したホノニニギとその御子は、地上の女神との婚姻を通じて山と海の権能および火と水の霊威をその血筋(ちすじ)に帯びることが記されます。

第十一段

神日本イワレビコの誕生

末子として生まれた神武天皇

彦波瀲武鸕鷀草葺不合尊は、叔母、玉依姫を妻とされて、彦五瀬命を生された。次に稲飯命、次に三毛入野命、次に神日本磐余彦尊。合わせて四柱の男子を生された。

長い時ののち、彦波瀲武鸕鷀草葺不合尊は、西の国の宮で崩御された。そこで、日向の吾平の山上陵に葬り申し上げた。

この段はウガヤフキアエズの尊の一代紀として記されていますが、短く、系譜記事だけが記されます。この系譜の中のウガヤフキアエズの第四子、末子である神日本磐余彦尊（以下、カムヤマトイワレビコの尊）こそ、次の巻で第一代の天皇として即位される御子です。そして、それはホノニニギ―ヒコホホデミ―ウガヤフキアエズと続いてきたアマテラスの子孫にして天皇の祖先である三代の、天と地の間に位置する御子たちの時代の終焉をも意味します。

なお、この御子の名に「日本」が含まれていることに注目してください。『日本書紀』の、「人の世」の歴史が始まることを告げているようですね。この段は、『日本書紀』第二巻の終段であるとともに、カムヤマトイワレビコの誕生を記し、次の巻三の神武天皇へと導く部分ともいえるのです。

別伝 4編

1

一書（第一）にいう。まず彦五瀬命を生された。次に稲飯命、次に三毛入野命、次に狭野尊または神日本磐余彦尊という。狭野は、年若いときの名である。のちに天下を平らげ、八洲を領有された。そこで御名を加えて、神日本磐余彦尊と申し上げるのである。

解説▼ ここでは、カムヤマトイワレビコの若いときの名として狭野尊の名があったことが記されます。

2 一書（第二）にいう。まず五瀬命を生された。次に三毛野命、次に稲飯命、次に磐余彦尊、または神日本磐余彦火火出見尊という。

解説▼ ここでは第二子と第三子の順序が変わっています。

3 一書（第三）にいう。まず五瀬命を生された。次に稲飯命、次に神日本磐余彦火火出見尊、次に稚三毛野命。

解説▼ ここでは第三子と第四子の順序が変わっています。

4 一書（第四）にいう。まず彦五瀬命を生された。次に磐余彦火火出見尊、次に彦稲飯命、次に三毛入野命。

解説▼ ここではカムヤマトイワレビコが第二子とされ、第二〜四子の順序が変わっています。

このカムヤマトイワレビコに至る系譜を図示してみると231ページのようになります。

◆すべての霊威を統合した「天皇」の誕生

「天」の神、アマテラス大神（日の神）と「根の国」の神、スサノヲのウケイからオシホミミが誕生するところから始まり、オシホミミとタカミムスヒの娘との婚姻によってさらに「天」の血筋が二重に流れ込みます。そうして生まれたホノニニギと、大山祇（山神）の娘コノハナノサクヤヒメとの婚姻とそこで生まれたヒコホホデミと、海神の娘、トヨタマヒメとの婚姻、そこで生まれたウガヤフキアエズと玉依姫（海神の娘）との婚姻で「海」の血筋が重ねられて、「天」「根の国」「山」「海」のすべての霊威、権能が統合されてウガヤフキアエズの四柱の御子たちが誕生したことが記されてきました。

第一代の天皇の誕生には、このような血筋の統合がありました。すなわち「天皇」は、「天」「根の国」「山」「海」のすべての霊威をその身に帯びて、それゆえにすべてを治める存在として語られているといえます。

なお、カムヤマトイワレビコが末子であることは興味深い記述です。この例に限らず、奈良時代までの文献には、兄弟の中の弟・妹や末子が皇位継承者であったり、物

アマテラス大神から神武天皇への系譜

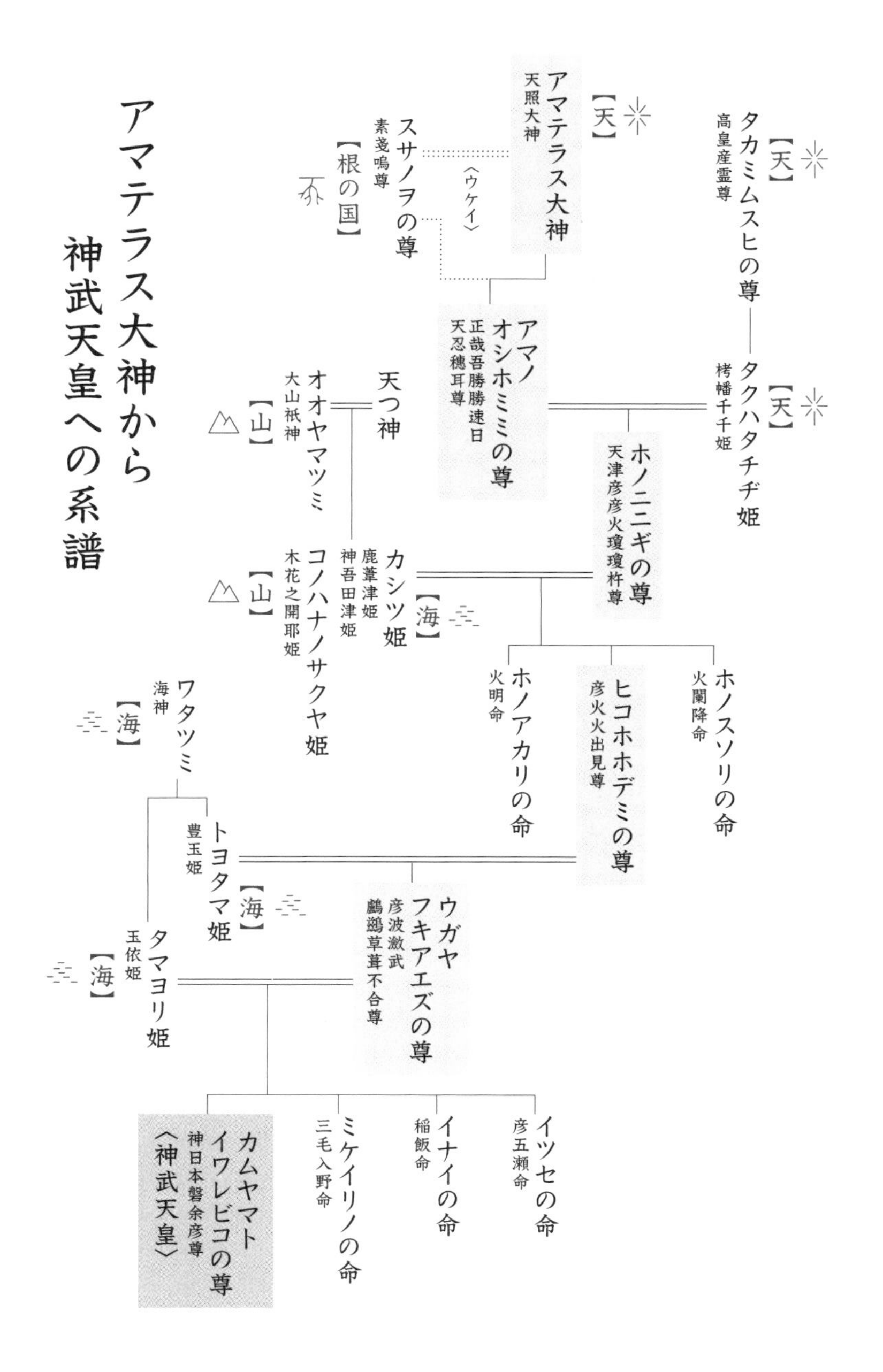

語の中心者となるストーリーがしばしばみられ、古代の日本では長子相続が必ずしも当たり前ではなかったことがわかります。世界的に分布するといわれる末子相続の習俗が日本にもあったのかもしれません。

◆神話と歴史の連続性

日本において、神話と歴史が地続きに語られるということは、グローバルな視点でみると珍しいことだといわれます。

明治初期一八八二年に『古事記』を英訳したB・H・チェンバレンは、その序論で、「自ら煩を厭わず『古事記』を通読しようとする者は、この書の全体は途切れなく連続していること―少なくとも時間的な途切れが全くないこと―つまり、神話伝説と現実の歴史との間の区別がないということに気づくだろう。（中略）この、日本において神話と歴史が連続するという事実は、これまでの日本の指導的な研究者にも十分に認識されてきた」（英訳『古事記』序論―B. H. Chamberlain, The KOJIKI Records of Ancient Matters, Introduction― 訳：寺田惠子）と語っており、またC・レヴィ＝ストロースも、

「私たち西洋人にとっては、一つの深淵が、神話と歴史を隔てています。反対に、私が最も心を惹かれる日本の魅力の一つは、神話と歴史相互の間に、親密なつながりがあることです。（中略）この連続性は、日本を訪れた初期のヨーロッパ人たちに、衝撃を与えずにはおきませんでした」（C・レヴィ＝ストロース著　川田順造訳『月の裏側―日本文化への視覚』二〇一四）とその特異性を述べています。

　神代の巻を通読すると、ここにおいては、歴史は神々の時代から始まることが知られます。『日本書紀』巻一、巻二の神々の時代は、歴史とかけ離れた幻想的な神話ではなく、人の世である第一代神武天皇へと直結する歴史の一部として語られています。そこには、他の文化圏とは異なる、日本独自の「神」の概念があります。

　チェンバレンは、前記の英訳『古事記』の序論で、古事記の「神」について次のように述べています。

「適切な英訳語を見出すことが難しい言葉は古事記の中に数多くあるが、その中で最も困難な語は『カミ』である。この語を正確に意味する英語は、本当に無い」

　日本の「神」は、たいへん多様なありようをもっています。天つ神のように絶対的な人格神もあり、自然現象や自然の動植物や山海川などの化身としての神もあり、生物でない物や人間の手による人工物に宿る神もあり、また祖霊や功績のある人間も死後に神として祀られることもあります。チェンバレンが、日本語の「カミ」を正確に意味する英語がないと嘆くのももっともなほど、「カミ」は多様性を有する言葉なのです。

古代の日本人は、現世に生きる自分たちを超える存在、あるいは人間以上の力をもつと認識されるモノはみな「神」と呼び、尊びました。

私たち日本人にとって、それは特別なことでなく、現代にもその概念をいたるところに見出すことができます。各地の神社はもとより、建物を建てる際におこなう地鎮祭や使い込んだ物を供養する針供養や人形供養などにその一端をみることができます。

私たちにとって「神」は身近なあらゆるものに宿り、存在し続けています。ですから、古代においても、神々と人間がつながることは自然に受け入れられた事象だったことでしょう。それは、日本独自の「神」と「人」の関係であり、そこに日本の文化の根幹の一つもあるといえます。

世界の始まりから説き起こされた神代の巻は、かくして初代神武天皇から紡がれる歴史へと連続し、終息しました。そして、ここから人の時代が始まってゆくのです。

あとがき

「先生の講座を本にしませんか」とグッドブックス社から声をかけていただいたのは、今から五年ほど前のこと、『日本書紀』を講義読解する社会人講座の折りでした。そのときには、三十巻もある『日本書紀』すべての現代語訳とその解説などは到底無理だと思われました。けれども何度かお話ししているうちに、編集の方の「内容がすごく面白いので」という言葉に心が動きました。それは、これまでも何度も耳にしてきた言葉だったからです。

私が初めて大学で講義を担当したのは『古事記』中巻で、三十代のころでした。その講義に出た学生から「ぞくぞくするほど面白かった」という感想を聞いて、自分でも同じ思いだったのでたいへん嬉しかったことを憶えています。

その後、多くの授業を担当し、研究も深めてきましたが、『古事記』『日本書紀』は読めば読むほど面白くなっています。学生や社会人講座の受講生からも「こんなに面白いものだとは思わなかった」「とても興味深い」「もっと読みたい」という言葉を何度も聞きました。

大学の授業では、同じ学生に『日本書紀』三十巻を通して講義することはなかなかできません。しかし、社会人講座は何年かを通して続けられます。私は二つの社会人講座で『日本書紀』三十巻を通して講読することができました。八年から九年ほどかかりましたが、その内容が面白い、というご意見が途切れることはありませんでした。講義の準備のために睡眠時間が一、二時間になることもしばしばでしたが、それも苦にはなりませんでした。

また、『日本書紀』は私に、人間について、男性や女性の在り方について、また日本や日本文化について考えるきっかけを与えてもくれました。そういう面白さや考えをもっと多くの人々と共有できるなら……と思ったときに、本を書く決心がつきました。この本は、そういった講座の講義録をもとに、それに手を加えてできたものなのです。

本書は『日本書紀』の巻一と巻二にあたる部分ですから、この先二十八巻分が続きます。

今後は、神々の時代に別れを告げ、人間の世界が始まります。この先の『日本書紀』は、しばらくは神代から続く神話的な空気をまといながら、人間の歴史の時代に足を踏み出していきます。

次の本の内容は、初代天皇の即位と国の始まりを伝える神武天皇紀、第二代から第九代までの天皇の系譜が中心となるいわゆる「欠史八代」、それに続く第十代崇神天皇と第十一代垂仁天皇の時代の伝説や歴史記述です。そこでは、神代の巻とは違う人間たちのドラマが語られはじめます。

最後になりましたが、この本を出版するにあたって、一方ならぬお世話をいただいたグッドブックスの良本光明さん、良本和惠さんに、「万葉の会」主催の福田弥生さん、講義録の作成と適切な助言をくださった小野典代さんに深甚の謝意を表します。また、お試し読者として多くの意見と励ましをくれた息子へ、本当にありがとう。

そして、これまで『日本書紀』の講義、講座に出席してくださったすべての方々に、心よりの御礼を申し上げたいと思います。

主要参考文献

◉『日本書紀』関連

日本古典文学大系『日本書紀 上』(坂本太郎、家永三郎、井上光貞、大野晋校注、岩波書店、一九六七年)

日本古典文学全集『日本書紀①』(小島憲之、直木幸次郎、西宮一民、蔵中進、毛利正守校注・訳、小学館、一九九四年)

『新釈全訳 日本書紀 上巻』(神野志隆光、金沢英之、福田武史、三上喜孝訳・校注、講談社、二〇二一年)

『校本日本書紀 神代巻』(國學院大學日本文化研究所編、角川書店、一九七三年)

井上光貞監訳『日本書紀 上』(中央公論社、一九八七年)

太田善麿『古代日本文学思潮論(Ⅲ)―日本書紀の考察―』(桜楓社、一九七一年)

荊木美行「『日本書紀』とその世界」(燃焼社、一九九四年)

遠藤慶太、河内春人、関根淳、細井浩志編『日本書紀の誕生―編纂と受容の歴史―』(八木書店、二〇一八年)

◉日本古代文献および神話関連

日本古典文学大系『古事記 祝詞』(倉野憲司、武田祐吉校注、岩波書店、一九五八年)

三品彰英『図説日本の歴史2 神話の世界』(集英社、一九七四年)

大林太良『神話の話』(講談社学術文庫、一九七九年)

大林太良『日本神話の起源』(徳間文庫、一九九〇年)

吉田敦彦『日本神話の特色』(青土社、一九八九年)

吉田敦彦「スキュタイ王の聖宝と日本の三種の神器」(『日本神話研究2』学生社、一九七七年)

荻原千鶴「天忍穂耳命・迩々芸命の交替―ウケヒ・天孫降臨をめぐって―」(『古事記年報』四十二、古事記学会、

二〇〇〇年）
寺田恵子「黄泉国と根之堅州国の関連について」（『古事記・日本書紀論叢』群書、一九九九年）
ジョルジュ・デュメジル『神々の構造―印欧語族三区分イデオロギー―』（松村一男訳、国文社、一九八七年）
クロード・レヴィ＝ストロース『月の裏側―日本文化への視覚―』（川田順造訳、中央公論新社、二〇一四年）
Basil Hall Chamberlain "THE KOJIKI Records of Ancient Matters"〈B・H・チェンバレン『英訳古事記』――一八八二年翻訳〉（Charles E. Tuttle Company, Inc. 一九八二年）
寺田恵子訳「チェンバレン　古事記序論〔1〕〔2〕」（『古事記年報』第六十三号、六十四号、古事記学会、二〇二一、二〇二二年）
『世界神話辞典』（アーサー・コッテル著、柏書房、一九九三年）
『世界神話事典』（角川書店、一九九四年）
『日本神話事典』（大和書房、一九九七年）

◉引用中国文献

岩波文庫『新訂　魏志倭人伝　他三篇―中国正史日本伝（1）』（石原道博編訳、岩波書店、一九八五年）
岩波文庫『新訂　旧唐書倭国日本伝　他二篇―中国正史日本伝（2）』（石原道博編訳、岩波書店、一九八六年）
中國學術類編『新校本　新唐書』（楊家駱主編、鼎文書局、一九八五年）
「三五暦紀」「白虎通」――『藝文類聚　上』（歐陽詢撰、中文出版社、一九七二年）
新釈漢文大系『淮南子　上』（楠山春樹、明治書院、一九七九年）

著者略歴

寺田惠子（てらだ・けいこ）

古事記学会理事、学習院女子大学講師。
東京都出身。豪州シドニー大学を卒業後、日本女子大学大学院博士課程単位修了。湘南短期大学教授を経て、現在、学習院女子大学、和洋女子大学講師。上代文学会理事。専門は日本上代文学。古事記、日本書紀、万葉集の講義は社会人講座等でも人気を博す。編著書に『日本神話事典』『万葉ことば事典』（共著、大和書房）などがある。

日本書紀　全現代語訳＋解説
〈一〉神代――世界の始まり

令和6年（2024）6月24日　初版発行

訳・著　寺田惠子

挿　画　渡邊ちょんと
カバー＆本文デザイン　滝口博子

発行人　良本光明
編集人　良本和惠
発行所　株式会社グッドブックス
〒103－0023　東京都中央区日本橋本町2－3－6　協同ビル602
電話03－6262－5422　FAX 03－6262－5423
https://good-books.co.jp

印刷・製本　精文堂印刷株式会社

 ISBN978-4-907461-42-3